Titelbild:

‚Prinzen'

Hommage an Lukas Cranach/ Porträt Felix

Öl auf Leinwand   65 x 50   2004

Carola Mehring

Herstellung und Verlag:
BoD- Books on Demand, Norderstedt
ISBN 978-3-7528-2441-4

Für
Felix,
Charlotte,
Maya,
Sofia,
Sajan
und meinen Vater,
der sich so auf seine Urenkelin Maya gefreut hat;
aber nicht mehr erlebt hat,
Uropa zu werden

Uropas Sicht der Dinge

Für alle, die Bochum für den Nabel der Welt halten

aufgeschrieben,
gezeichnet und fotografiert von
Carola Mehring

Ein Gräfin-Emma-Denkmal
(Christa Baumgärtel 2009) steht am Rand des
Marktplatzes von Lesum.

Teil I

Uropa erzählt (2008)

Uropa hatte an einem verregneten Sonntagnachmittag mal wieder Dönekes erzählt. Mathes hörte sie liebend gerne, er stellte sich dann immer die vergangene Zeit vor. Anlass für diese alten Geschichten, die Uropa nicht zum ersten Mal erzählte, war die 1000-Jahr-Feier der Stiepeler Dorfkirche. Uropa stammte aus Stiepel, und er war sehr stolz darauf. „Alter Stiepeler Landadel sind wir", erzählte er jedem, der es hören wollte – oder auch nicht. Doch an diesem Sonntag setzte er seinen Geschichten die Krone auf. Einer ihrer Vorfahren, da war er sich heute ganz sicher, hatte die Gräfin Imma **persönlich** gekannt und beim Bau der Dorfkirche **entscheidend** mitgeholfen. Mathes staunte. Woher der Uropa das wohl wusste?

„Alte Familiengeschichten", schmunzelte der Uropa.

„Und warum hast du mir das bis jetzt noch nie erzählt?", fragte Mathes etwas misstrauisch. „Ich musste erst warten, bis du alt genug für unsere Geschichten bist", sagte der Uropa. der nie um eine Antwort verlegen war. „Das Besondere an unserer Familie ist, dass – immer, wenn der älteste Sohn 25 Jahre alt ist- er einen kleinen Jungen bekommt."

„Du meinst wohl: Seine Frau!", verbesserte Mathes.

„Natürlich", brummelte der Uropa unwirsch, „wer sonst? Da kannst du ja mal ausrechnen, welcher Vorfahre das war!" Das war 'was für Mathes, in Mathe ist er ein Ass. Er holte Zettel und Stift und legte los. Er selbst ist 1996 geboren. Sein Vater ist 1971 auf die Welt gekommen, sein Opa sprang seit 1946 in Bochum herum, sein Uropa lebte seit 1921.

Schnell merkte Mathes, dass die Endzahlen sich wiederholten: 1896, 1871, 1846, 1821, 1796, 1771, 1746, 1721,........Der Vorfahre mit der Nummer 40 könnte also beim Bau der kleinen Kirche mitgeholfen haben.

Als er die Liste nach einer halben Stunde fertig hatte, legte er sie Uropa vor.
„Weißt du denn die ganzen Geschichten von unseren Vorfahren?", fragte Mathes neugierig.
„Tja", sagte der Uropa, „unsere Ahnen haben schon immer viel erlebt! Einer ist mit Carl Benz zusammen im ersten Auto gefahren, einer war mit Kolumbus in Amerika, einer hat Luther mit den Nägeln geholfen, als er sein Plakat mit den 95 Thesen an die Kirchentür genagelt hat, einer........"
"O je", stöhnte der Vater, der im Türrahmen lehnte, „gegen unseren Uropa ist der Lügenbaron von Münchhausen ein kleiner Flunkerwicht."
Der Uropa lachte, und Mathes, der so gerne Uropas Geschichten hörte, meinte: "Könnte doch alles wahr sein! Unsere Vorfahren könnten doch mit der 1. Eisenbahn gefahren sein, sie könnten doch die Elektrizität entdeckt haben, sie könnten doch........"
„O je", stöhnte der Vater noch lauter als vorhin, „der Apfel fällt nicht weit vom Stamm!", und verschwand in der Küche.
Doch für Uropa und Mathes war klar, ihre Vorfahren waren bei den interessantesten Ereignissen der Geschichte mit dabei gewesen, oder wenigstens hatten sie davon gehört.
Die beiden knöpften sich Mathes Urahnenliste vor. Sie war ziemlich lang. Sie wollten für jeden Vorfahren ein Männchen

ausschneiden und sie nebeneinander stellen. Wie lang würde die Reihe wohl? Sie nahmen Papier von Mathes Zeichenblock, falteten es im Zickzack, zeichneten ein Männchen auf und schnitten es aus. Schon hatten sie 6 Stück auf einmal.

„Malen musst du!", sagte der Uropa.

„Erzählen musst du!", sagte Mathes.

„Aufschreiben muss der Papa!", sagten beide gleichzeitig.

Das Abenteuer **'Vorfahren-Geschichten'** begann.

Mathes
geb. 1996

„Als 1. Familienmitglied bist du dran, du bist 1996 geboren. In deiner Zeit ist auch schon einiges passiert. 2008 ist unsere Dorfkirche 1000 Jahre alt geworden! Da kannst du mal sehen, wie solide unsere Vorfahren gebaut haben! Nicht so, wie die Bauleute heute, wo Schulen schon nach 30 Jahren abgerissen werden müssen!" Uropa warf einen schrägen Blick auf Papa, der Bauleiter ist. Doch Papa ließ sich nichts anmerken, er kannte ja die kleinen Scharmützel mit Opa. Uropa war etwas enttäuscht, dass seine kleine Stichelei nicht gewirkt hatte und fuhr dann mit seinen Überlegungen fort. „Die D-Mark wurde in Euros umgetauscht. Die CD hat die Schallplatten fast völlig abgelöst. Und jeder hat ein Handy! Jeder kann jedem erzählen, dass er sich in der Schlange an der Kasse befindet! Oder der Angerufene befindet sich gerade in der Umkleidekabine und will eine neue Hose anprobieren! Furchtbar, nirgendwo hat man seine Ruhe!"

„Aber Opa", warf Papa ein, „die Dinger sind manchmal ganz schön nützlich! Denk mal an den Spaziergang, bei dem du gestürzt bist!" An diesen schrecklichen Tag wollte Uropa jetzt nicht erinnert werden.

„Schreib", sagte er, „nun bist **du** nämlich an der Reihe!"

Papa
geb.1971

"Du bist 1971 geboren. Mein Gott, was in der Zeit alles passiert ist! West- und Ostdeutschland wurden wieder vereinigt! Junge, Junge, ich hätte nie geglaubt, dass das passiert! Außerdem wurde 1975 **Bochum** und **Wattenscheid** vereinigt. Mann o Mann, hat **das** Ärger gegeben! Inzwischen hat der Computer die Schreibmaschine abgelöst, die wurden im Müll entsorgt."

"Und die Spülmaschine ersetzte den blöden Abwasch und die Mikrowelle eroberte die Küche", sinnierte Papa. „Apropos Mikrowelle - was haltet ihr von einem heißen Kakao?", und - ohne eine Antwort abzuwarten - flitzte Papa in die Küche. Nach 5 Minuten kam er mit 3 dampfenden Bechern Kakao wieder.

Opa
geb.1946

"Opa ist 1946 geboren, direkt nach dem Krieg. Das war gar nicht so einfach, ein Baby groß zu kriegen - in diesen Zeiten!

Aber Stiepel war ja noch Bauernland, da gab es doch schon mal das ein oder andere zu essen. Aber dann, nach dem **Katholikentag**, ab dann ging's aufwärts. Langsam füllten sich die Geschäfte mit Waren.

In Stiepel gab es den Konsum, da kaufte man seine Lebensmittel. Und in Stiepel-Dorf existierte sogar ein Textilgeschäft! 'Nattkemper' hieß es, man konnte dort Stoffe und Kurzwaren kaufen. Damals wurde ja noch viel zu Hause genäht und gestopft. Das Haus stand neben der Dorfkirche. Etwas später wurde dieses Haus 'Gemeindehaus', doch das war zu viel für das alte Gemäuer, es wurde abgerissen, und jetzt stehen da neue Häuser.

Dann wurde in den 60-er Jahren in **Querenburg** die **Uni** gebaut, das hatte Auswirkungen auf Stiepel, aus dem Dorf wurde eine Wohngegend mit vielen neuen Straßen und Häusern." Uropa versank in melancholischen Träumereien.

"Uropa, was gab's noch?", bohrte Mathes.

"Ach ja", fuhr Uropa fort, "1953 wurde das Schauspielhaus wieder aufgebaut, das schönste Schauspielhaus weit und breit!", sagte Uropa nicht ohne Stolz.

"Und mit einer der besten Bühnen weit und breit", ergänzte der Papa – auch nicht ohne Stolz.

"Und mit den schönsten Kinderstücken!", fügte Mathes hinzu, auch er war von Lokalpatriotismus erfüllt.

"Außerdem entdeckte man zu der Zeit die ersten alten Wandmalereien in der Dorfkirche! Bis dahin kannte ich sie nur schmuddelig-weiß. Ich hatte mir nie Gedanken darüber gemacht, dass die Kirche jemals anders ausgesehen haben könnte."

Uropa
geb.1921

"Und jetzt zu mir höchstpersönlich", holte Uropa aus. "Ich
bin – wie euch ja bekannt ist – 1921 auf die Welt gekommen.
Eine schlimme Zeit für die Erwachsenen: Inflation – das Geld
war nichts mehr wert -, Arbeitslosigkeit, Trauer und Not in
den Familien, bei denen Väter und Söhne im 1.Weltkrieg
gefallen waren.
10 Millionen Menschen sind getötet worden! In Stiepel
fehlten auch etliche Männer. Als Kind habe ich allerdings
nicht viel davon gemerkt. Wir streiften durch die Felder,
spielten, bauten Buden, klauten Äppel, in den Herbstferien –
die damals noch Kartoffelferien, hießen –machten wir
Kartoffeln aus, und abends gab's ein Kartoffelfeuer.
Zur Schule bin ich übrigens in die alte Schulvikarie gegangen.
Es gab nur einen Klassenraum für alle 8 Jahrgänge. Die
Volksschule, wie sie damals noch hieß, war bis
1950 in Betrieb, und das Haus steht immer noch:
Brockhauser Str. 65.
1929 wurde Stiepel nach Bochum eingemeindet. Wir haben
aber nicht so ein Geschrei wie die Wattenscheider gemacht.
Dann kam 1933 Hitler an die Macht und hat so schreckliche
Dinge angerichtet! Er ließ unglaublich viele jüdische Menschen
töten, Behinderte durften bei ihm auch nicht leben. Ich war
ja erst 12 Jahre alt und habe das gar nicht richtig bemerkt,
wir hatten zudem keine Zeitung und kein Radio. Genützt
hätte uns das allerdings auch nicht viel, es durfte nur das
geschrieben oder gesendet werden, was Hitler passte.

So langsam sickerte die eine oder andere Information durch, jüdische Leute flüchteten ins Ausland, Behinderte verschwanden in Heimen und kamen nie wieder, aber da war es schon zu spät. Mit uns 'Blagen' wurde nicht darüber geredet, wir bekamen nur Andeutungen oder Getuschel mit, alle hatten Angst.

Viel später habe ich erfahren, dass sogar in Stiepel in der stillgelegten **Zeche Gibraltar** ein provisorisches Konzentrationslager war. Dann zettelte Hitler zu allem Überfluss noch den 2.Weltkrieg an, und ich musste Soldat werden.

Auch die Stiepeler Gemeinde traf es hart. Nicht nur, dass 1943 eine Luftmine auf die Kirche fiel und den Turm zum Einsturz brachte, in der Gemeinde gab es nur noch Zank und Streit. Die Christen sollten für Hitler sein, sonst wurden sie bedroht."

"Und wie?", fragte Mathes ungläubig.

"Tja, das ist ziemlich einfach. Die, die zu Hitler halten wollten, sollten nicht mehr bei den anderen einkaufen oder bei den Handwerkern nichts mehr in Auftrag geben. Dann drohte diesen Leuten schnell die Pleite, und dann?", fragte Uropa. Mathes war sehr nachdenklich. Auch er fand: "Eine schreckliche Zeit!"

Nach einer Weile der Stille, in der alle ihren eigenen Gedanken nachhingen, fragte Mathes: "Und was hat Ururopa erlebt? Er ist 100 Jahre vor mir auf die Welt gekommen, also 1896!"

"Rechnen kannst du", grinste Uropa, froh, aus seinen trüben Erinnerungen herausgerissen zu werden.

Ururopa

geb. 1896

Dein Ururopa – also mein Vater – hat sogar noch den **Kaiser Wilhelm II.** erlebt!"
"Hat er ihn gesehen?", fragte Mathes aufgeregt.
"Könnte sein", antwortete Uropa, "der Kaiser kam öfter ins Ruhrgebiet."
"Dann hat er sich jedes Mal in das kleine Kötterhäuschen von Urururgroßmutter begeben und sich einen Muckefuck servieren lassen", erzählte Papa mit Ironie in der Stimme und einem breiten Grinsen auf dem Gesicht. Uropa funkelte ihn wütend an und Mathes ahnte, dass Uropa eine ähnliche Geschichte im Sinn gehabt hatte. Und – wie zur Bestätigung – verteidigte sich Uropa: "Mit den Kindern der **Familie Krupp** hat der Kaiser aber tatsächlich in der **Villa Hügel** Tee getrunken, sie hatten für die Kinder extra ein kleines **Häuschen zum Spielen** bauen lassen. Das kann man heute noch besichtigen!"
"Die Familie Krupp kann man aber nun nicht mit unserer Familie vergleichen, das waren doch Multimillionäre und wir waren arme Schlucker!", warf Papa ein.
"Aber es hätte sicherlich 'was genützt; Oma war eine resolute Frau, die hätte dem Kaiser schon die Meinung gesagt!", behauptete Uropa, und Papa seufzte leise:
"Er muss immer das letzte Wort haben!" Uropa tat so, als wenn er nichts gehört hätte und erzählte weiter:
"Der Arzt hatte das 1.Auto in Stiepel. Er hat meinen Vater auf einer der ersten Fahrten 'mal mitgenommen. Das muss

sehr aufregend gewesen sein. Man musste ja erst mit einer Kurbel den Motor anwerfen! Und dann die Straßen damals! Kopfsteinpflaster und in Stiepel Feldwege!"

"Na, viel besser ist das heute immer noch nicht!", empörte sich Mathes, "kein Bürgersteig an der **Kemnader Straße** und dann diese Schwellen, die den Verkehr beruhigen sollen!" Er dachte voller Wut an die schmerzliche Bekanntschaft, die sein Knie mit diesen Schwellen bei einem Sturz mit dem Fahrrad gemacht hatte.

"Zum Glück musste mein Vater nicht in den 1.Weltkrieg als Soldat ziehen, er hatte Glück im Unglück. Als Kind hatte er sich ein Bein gebrochen, der Bruch war nie wieder richtig zusammengewachsen, und er humpelte Zeit seines Lebens. Aber deswegen wurde er nicht eingezogen.

Eingezogen wurde aber eine der Glocken der Dorfkirche. 1917 wurde sie eingeschmolzen und das Metall zu Kanonen verarbeitet.

Am 11.11.1918 war der Krieg endlich zu Ende.

2 Tage vorher hatte Kaiser Wilhelm II. abgedankt und war nach **Doorn** in Holland ins Exil gefahren. Der Kaiser und seine Frau fuhren im Auto, seine Umzugkartons und Möbel mussten in 58 (!) Güterwaggons transportiert werden. Er soll sich mit den Worten: "Dann macht doch euern Dreck alleene!" aus Deutschland verabschiedet haben.

"Na", meinte Mathes, "dann hätte er ja gut in die Wohnküche deiner Oma gepasst!"

"Sag ich doch", sagte Uropa, und sein runzeliges Gesicht mit den tausend Falten verzog sich zu einem breiten Grinsen.

Dann verabschiedete er sich und ließ sich nach Hause fahren.

Urururopa
geb.1871

Genau eine Woche später gingen Mathes und sein Papa (Papa
mit Laptop – zum Mitschreiben) zum Uropa. Der hatte schon
einen guten Kaffee aufgebrüht ("Bei mir gibt es keinen
Muckefuck!"), für Mathes Saft hingestellt und Gebäck auf
die Étagère drapiert. Nach 2 Tassen Kaffee war die
Mittagsmüdigkeit verflogen, und Uropa legte los:
"Also, der nächste Vorfahre, den wir uns vorknöpfen, ist mein
Opa. Er wurde 1871 geboren.
1871 besiegten die **Preußen** Frankreich, und das **Deutsche
Reich** wurde gegründet. Der preußische König wurde Kaiser.
In allen Kirchen wurden zur Siegesfeier die Glocken geläutet,
nur unsere kleinste Glocke, die Johannesglocke, fand den
Grund für die Läuterei wohl unpassend und zersprang vor
Wut. Sie musste neu gegossen werden. Aber ihre
Friedensliebe hat ihr nichts genutzt, es war **die** Glocke, die
später im 1.Weltkrieg eingeschmolzen wurde."
Mathes erwartete eigentlich einen bissigen Kommentar von
Papa über Glocken mit einer eigenen Meinung, aber Papa
schwieg und starrte nachdenklich auf die Tastatur seines
Laptops.
"Ein Jahr später", fuhr Uropa fort, "bekam die Dorfkirche
für 280 Taler eine neue Turmuhr."
"Wieso 'TURMUHR'? Die Dorfkirche hat keine Turmuhr!",
empörten sich Papa und Mathes wie aus einem Mund.
"**Hatte** aber", sagte Uropa in bestimmten Ton, "ich kenne die
Uhr noch, nach dem 2.Weltkrieg wurde sie entfernt. Jetzt

muss jeder auf seine eigene Uhr schauen." Mathes und Papa guckten sich ungläubig an. Uropa ließ sich nicht beirren.

"Als junger Mann war mein Opa life dabei, als die motorisierte Zeit anbrach. Damals gingen die Gesellen ja noch auf Wanderschaft, damit sie danach Meister werden konnten. Mein Opa hatte Maler, Anstreicher und Stuckateur gelernt. Mit 18 Jahren ging er auf die Walz. Irgendwann kam er auch in Mainz an und fand Arbeit bei einem Meister. Dieser Meister bekam einen Auftrag bei einem Ingenieur, er hieß **Benz**. In seinem Schuppen stand das erste Auto, und mein Opa durfte einmal mitfahren! Sein ganzes Leben lang hat er von dieser aufregenden Fahrt erzählt.

Benzin gab es in der Apotheke und der Schuster musste die Bremsklötze mit Leder neu belegen. Manchmal mussten sie die Benzkutsche auch schieben, aber das ist ja heute noch so", feixte Uropa seinen Enkel an, "wenn die Batterie leer ist, weil man vergisst, das Radio auszustellen!" Doch auch an diesem Sonntag ließ Papa sich nicht von seinem Opa provozieren.

"Mhm", machte Uropa enttäuscht und erzählte weiter.

"Mein Opa kam 3 Jahre später wieder nach Stiepel zurück, und seine Eltern erzählten ihm, was hier passiert war, z.B. von dem Hochwasser 1890. Die Markierung ist unten am **Schleusenhäuschen** noch zu sehen. Mein Opa berichtet seinerseits von seinen Abenteuern, für seine Eltern waren das wohl die unglaublichsten Sachen: Elektrische Birnen, Telefone, Grammophone ....und dann zog die neue Zeit zwar nicht in Stiepel, aber in Bochum ein. Es gab eine 'Elektrische'. Damit war die Straßenbahn gemeint. Die erste

fuhr 1894 nach **Herne**, 1898 fuhr eine weitere vom alten Hauptbahnhof nach **Hattingen**. Vorher verkehrte nur der Pferdeomnibus, jetzt gab es die bequemen Wagen. Nur die Fahrer konnten einem Leid tun, sie standen bei Wind und Wetter draußen auf der offenen Plattform.
Da halfen im Winter weder Pelzjacke noch Pelzhandschuhe.

Urururoropa
geb. 1846

Der Vater von Urururopa, der 1846 geboren wurde, hatte ebenfalls schon die erstaunlichsten Dinge erlebt. Er konnte sie nicht oft genug seinen Zuhörern zum Besten geben. Mit 14 Jahren hatte er zum ersten Mal eine echte Dampflok gesehen! Die konnte sogar fahren! Und die Leute konnten in Waggons ein- und aussteigen!
1860 wurde Bochum an das Schienennetz angeschlossen und bekam einen Hauptbahnhof. Dieses Gebäude muss nicht so doll gewesen sein; die Abkürzung **Hb** wurde nämlich spöttisch in 'Holzbude' umgedichtet.
Zur Eröffnung der Eisenbahnlinie fuhren natürlich auch unsere Vorfahren nach Bochum. Wir sind ja nicht neugierig, aber wir waren immer an allem interessiert. Das Dampfross muss faszinierend gewesen sein! Schnaufend und keuchend fuhr es unter dem Jubel der Menschen im Bahnhof ein. Der Lokführer hatte zur Feier des Tages einen Zylinder auf, der Bürgermeister, die Ratsmitglieder, die Kaufleute,
......alle waren erschienen, im Frack die Herren, die Damen eng in der Taille geschnürt und dann mit weitem Rock. Nur der

Heizer auf der Lok fiel etwas aus dem Rahmen, er war nicht mehr ganz sauber.

Seit diesem Tag träumte mein Uropa davon, Lokführer zu werden. Sein Wunsch ist nie in Erfüllung gegangen.

Ururururururopa

geb. 1821

Sein Vater kam 1821 auf die Welt.

Er konnte die neue Schule besuchen, die 1830 eingeweiht wurde. Die alte Schule, die baufällig und zu klein geworden war, wurde an **SchulteHofstiepel** verkauft, für 300 Taler. Es gibt noch die Pläne der neuen Schule. Auf der einen Seite des Hauses wohnte der Vikar, der gleichzeitig Lehrer war, auf der anderen Seite war der Klassenraum. Er war 8m breit und 9,50m lang."

"Das sind 76m²", hatte Papa sofort ausgerechnet. "Mhm", Uropa nickte und ergänzte seinen Satz: "Das war für 170 Kinder gedacht."

"Waaas", schrie Mathes auf, "in **einer** Klasse?"

"Es werden nicht immer alle da gewesen sein, Bauernkinder mussten oft zuhause helfen, dann war Schulbildung nicht so wichtig", gab Uropa zu bedenken.

1835 gab es noch eine Sensation in Bochum: Die ersten Straßenlaternen wurden aufgestellt! Ganze 11 Stück! In Stiepel war davon natürlich noch keine Rede. Wenn man abends nach Einbruch der Dunkelheit noch unterwegs war,

musste man eine Laterne mitnehmen oder auf Vollmond
warten."

Urururururururopa
geb.1796

Uropa lehnte sich zurück, man merkte ihm an, dass er sich
auf die nächste Geschichte freute.
"Tja, und sein Vater, der 1796 das Licht der Welt erblickte,
ist indirekt Schuld daran, dass heute Autos mit dem
Aufkleber **'Königreich Stiepel'** herumfahren!"
Papa zog eine Augenbraue hoch: "Soooooooh?", sagte er
gedehnt, "unsere Vorfahren waren an der Entwicklung dieses
Produktes beteiligt? Und warum bekommen wir kein Geld für
die Verwendung dieses Logos? **Copyright** und so? Wir hätten
reich werden können!" Jetzt war auch die 2.Augenbraue oben.
"Sei nicht so geldgierig", tadelte ihn Uropa, "man kann auch
mal eine gute Idee ohne finanzielle Hintergedanken zur
Verfügung stellen!"
"Ah", murmelte Papa, "Opa ist heute edel eingestellt!"
Uropa überhörte geflissentlich die feine Ironie und legte los:
"**Napoleon** wollte Europa erobern, natürlich auch das
Ruhrgebiet. Am 14.10.1806 besiegten die Franzosen die
preußische Armee in **Jena**, 10 Tage später hatten sie die
Grafschaft Mark besetzt – aber das ganze Gebiet? Nein!
Stiepel gehörte nämlich nicht zur Grafschaft Mark! Und die
Stiepeler hatten keine Lust, die sicherlich verfressenen
napoleonischen Soldaten durchzufüttern. Wahrscheinlich

würden sie sich auch noch schlecht benehmen und die Vorräte für den Winter einkassieren.

Einige Stiepeler trafen sich in unserer guten Stube, um zu überlegen, was zu tun sei. Das Vieh verstecken? Das bisschen Geld vergraben? Viel nützen würde das nicht.

Da hatte dein Urururururuuropa, der ja erst 10 Jahre alt war, eine glänzende Idee. Waren die 700 Stiepeler, die es damals gab, nicht etwas Besonderes? Sie gehörten doch zu den **Herren von Lippe in Detmold**! Und Detmold war weit weg, sie waren ihre eigenen Herren. Und wer Herr war, war doch eigentlich ein König, oder? So stolz wie Könige waren sie sowieso.

'Wir könnten doch ein bisschen angeben', meinte der Bengel in dieser Männerrunde,

'Oma sagt doch immer: Wer angibt, hat mehr vom Leben!'
In den Gesichtern der Anwesenden waren nur Fragezeichen zu sehen: 'Häh?'

'Wir könnten doch so tun, als hätten wir hier einen eigenen König. Ein König hat mehr zu sagen als ein Offizier, die Franzosen müssen dann mit uns verhandeln....' Unsicher verstummte der Junge. Erst war es still in unserer guten Stube, dann brachen die Männer in schallendes Gelächter aus, klopften ihm auf die Schulter und rieben sich die Hände vor Vorfreude.

Es wurde eine lange Nacht. Die Zimmerleute und der Tischler mussten Schilder herstellen. Der Schneider, der gut zeichnen konnte, zeichnete das Wappen von Stiepel vor, der Rest musste ausmalen.

Am nächsten Morgen standen an allen Straßen und Wegen von und nach Stiepel Schilder mit den rot-weißen Balken von Stiepel und der Aufschrift '**Königreich Stiepel**'.

Eine Abordnung der napoleonischen Soldaten preschte tatsächlich um die Mittagszeit heran, hielt an dem Schild, der Oberst zückte seinen schriftlichen Befehl, verglich, schaute noch einmal,…und gab den Befehl umzukehren!

Ein Königreich Stiepel war – seinen Unterlagen nach – nicht zu besetzen. Die Stiepeler lachten sich eins ins Fäustchen. Noch mal Glück gehabt!

Leider währte die Freude nicht lange, Stiepel wurde dann doch noch besetzt.

In Bochum wurden zur Zeit von Napoleon die Stadttore abgerissen, sie schützten nun wirklich nicht vor Kanonen, waren altmodisch, baufällig und unbrauchbar. Vielleicht hätte ein fähiger Bauleiter noch etwas retten können", sagte Uropa mit einem schiefen Seitenblick auf seinen Enkel.

"Ich habe leider zu der Zeit noch nicht gelebt", antwortete Papa, "sonst hätte Bochum – neben der Dorfkirche – eine Attraktion mehr!"

"Stimmt", murmelte Uropa nachdenklich, und Mathes wusste nicht, ob Uropa eine historische Konkurrenz neben seiner geliebten Dorfkirche wirklich gut fand.

"Napoleons Zeit war 1815 beendet", fuhr Uropa fort, und Papa gähnte: "Und unsere Zeit auch!" Sie räumten den Kaffeetisch ab, spülten (Uropa hatte keine Spülmaschine) und marschierten nach Hause.

"Na, in welchem Jahrhundert seid ihr angekommen?", fragte Mama.

"Ende 18.Jahrhundert", antwortete Mathes.

"Uih", machte Mama, "das kann ja noch dauern, bis endlich die Gräfin vorkommt!"

"Ja", bestätigte Papa.

"Es ist aber auch immer so viel passiert!", sagte Mathes.

"Hier? In Stiepel? In Bochum? In diesem Provinzkaff?", staunte Mama.

"Ja, gerade da!", betonte Mathes.

Urururururururopa
geb.1771

Am nächsten Sonntag kam Uropa früher als sonst und war sichtlich guter Laune.

"Ha", sagte er, als er sich auf den Stuhl plumpsen ließ, "die alten Knochen wollen nicht mehr so. Aber ein gutes Tässchen Kaffee..."

"...oder 2 oder 3...", fiel ihm Papa ins Wort,

".....und ein leckeres Stückchen Torte...."

"....oder 3 oder 4....", lachte Mathes,

"...dann geht es mir sofort wieder besser! Außerdem habe ich eine tolle Geschichte auf Lager!" Uropas Augen funkelten und es bildeten sich 1000 Lachfältchen.

Mathes war sehr gespannt, er musste sich aber ein bisschen gedulden. Doch auch als Uropa sich in den gemütlichen Sessel gesetzt hatte, Papa seinen geliebten Laptop startklar gemacht hatte, Mama sich zu ihnen gesellt hatte, wurde Mathes Geduld auf die Probe gestellt.

"Der nächste Vorfahre wurde 1771 geboren und erlebte, wie Stiepel sich durch die Kohle veränderte. Inzwischen gab es etliche kleine Zechen, und die Kohle musste abtransportiert werden. Da bot sich natürlich die Ruhr an. Von 1776 – 1780 wurden 16 Schleusen gebaut, um die Ruhr schiffbar zu machen. Der König von Preußen, **Friedrich der Große**, hatte sich diesen Plan in seinen Dickschädel gesetzt und auch durchgesetzt. Eine Schleuse ist in Stiepel. Jetzt brauchte man die Kohle nicht mehr umladen, wenn Gefällestrecken kamen. Aber gut schiffbar war die Ruhr trotzdem nicht. Um die Schiffe von Pferden ziehen lassen zu können, baute man den Leinpfad." Mathes taten die Tiere leid, die auf dieser mörderischen Holperstrecke ihren Dienst tun mussten. "Außerdem wurde zu der Zeit der Wald aufgeteilt", erzählte Uropa weiter, "jeder Bauer bekam so viel, wie er Schweine hatte."

"Was haben denn die Schweine mit dem Wald zu tun?", wunderte sich Mathes.

"Tja, es gab früher eine Redensart, die hieß: **Auf den Eichen wachsen die besten Schinken.**" Vor Mathes geistigem Auge entstand ein Wald, in dem an den Bäumen Schinken und Würste hingen. Die Erklärung war aber sehr simpel: Die Schweine wurden zum Fressen in den Eichenwald getrieben, um die Eicheln aufzufuttern.

"Doch jetzt zu unserem Kriminalfall. 1776 hatte ein Mann ein Mädchen getötet. Zum Glück wurde er gefasst. Das Gericht fand ihn des Mordes schuldig, und er wurde zum Tode verurteilt. Er sollte am Galgen aufgehängt werden, und dieser Galgen stand an der **Galgenfeldstraße**. Wie das damals so

üblich war, mussten alle Schulkinder sich dieses fürchterliche Schauspiel ansehen – zur Abschreckung! Ob unser Vorfahre dabei war, ist nicht überliefert, er war ja erst 5 Jahre alt und wahrscheinlich noch nicht in der Schule."
"Die Schulkinder **mussten** zugucken?", empörte sich Papa, "die Kinder hatten doch bestimmt Albträume und konnten überhaupt nicht schlafen!" Uropa zuckte mit den Schultern.
"Und wer hatte nachts den Stress mit den weinenden Kindern? Natürlich die Mütter!", regte sich Mama auf.
"Dass die Stiepeler so grausam waren!", ärgerte sich Mathes, wobei unklar war, ob er den Mörder, den Richter oder die Zuschauer meinte. Die Familie konnte sich gar nicht beruhigen.
"Aber es gab auch Erfreuliches zu berichten. In Bochum hatte sich endlich ein richtiger, studierter Arzt niedergelassen, **Carl Arnold Kortum** hieß er. Er eröffnete 1770 seine Praxis. Er muss sehr tüchtig gewesen sein, denn man fuhr aus dem weiten Umkreis zu ihm."
"Na ja", meinte Mama ungnädig, "man hatte ja auch keine andere Wahl."
"Er hat auch ein Buch geschrieben: **Die Jobsiade**", wollte Uropa den berühmtesten Bochumer herausputzen.
"Na ja", mäkelte jetzt Papa, "ein etwas derber Humor, nicht ganz mein Geschmack!"

Ururururururururopa
geb. 1746

"Ein Jahr nach der Geburt unseres nächsten Vorfahrens
starb ein anderer Bochumer, der es zu etwas gebracht
hatte. Es war **Graf Heinrich von Ostermann.** Allerdings
waren der Anfang und das Ende seines Berufslebens eher
unrühmlich. Der Beginn seiner Karriere war ein Mord an einem
Saufkumpan. Er musste fliehen und traf zufällig auf **Zar
Peter den Großen von Russland.** Ostermann wurde in seine
Dienste genommen und kletterte auf der Karriereleiter bis
zum Vizekanzler empor. Unter einer Nachfolgerin von Zar
Peter wurde er als Umstürzler angeklagt, zum Tode
verurteilt, begnadigt und nach Sibirien verschickt. Dort
starb er dann."
Mathes seufzte enttäuscht. Ein richtiger Held wäre ihm
lieber gewesen.

Ururururururururururopa
geb.1721

Jetzt breitete sich ein Grinsen auf Uropas faltigem Gesicht
aus, und er lachte seine Schwiegerenkeltochter an.
"Der nächste Vorfahre ist schuld daran, dass wir gleich
deinen köstlichen Kartoffelsalat serviert bekommen!"
"Woher weißt du das?", fragte Mama erstaunt.
"Gerochen!", sagte Uropa stolz.

"Und was hat unser Vorfahre mit dem Kartoffelsalat zu tun?"
"Sehr, sehr viel! Ohne unsere Familie gäbe es wahrscheinlich in ganz Europa weder Kartoffeln noch Kartoffelsalatrezepte!", brüstete sich Uropa.
Papa stöhnte: "Das ist das 2. Mal, dass uns ein Vermögen durch die Lappen geht! Wenn wir auf die Rezepte doch ein Urheberrecht angemeldet hätten! Wir wären reich!"
"Unsere Vorfahren waren nicht so geldgierig wie dein Papa", begann Uropa seine neue Geschichte und schickte einen strafenden Blick in die Richtung seines Enkels, "aber sie waren fast genauso groß. Beim **König Friedrich Wilhelm I.** von Preußen war unser Vorfahre Soldat bei den **Langen Kerls**. Doch 1740 starb Friedrich Wilhelm I., und **Friedrich II.** wurde König. Der hatte keine rechte Verwendung für die 'Langen Kerls', und so bekamen sie einen merkwürdigen Befehl. In den neuen Dörfern, die Friedrich II. gegründet hatte, sollten Kartoffeln angebaut werden. Doch die Leute hatten schlechte Erfahrungen mit dieser Pflanze aus Südamerika gemacht, sie hatten nämlich die grünen Kartoffelbeeren gegessen, und ihnen war furchtbar schlecht geworden."
"Haben sie gekotzt?", fragte Mathes.
"Mathes!", fuhr ihn die Mama an, "drücke dich anders aus!"
"Wahrscheinlich", antwortete Uropa auf Mathes Frage, "sie haben wohl alle rückwärts gefrühstückt!"
Mama seufzte.
"Zuerst wurde natürlich überall erzählt, dass man die Knollen, die **unter** der Erde wachsen, essen muss. Dann wurden Kartoffeln angepflanzt, und als die Erntezeit kam, erging an

die Soldaten der Befehl, die Felder zu bewachen, weil die tolle Knolle ausschließlich für die Schlossküche des Königs bestimmt sei. Allerdings sollten die Kartoffelfelder so bewacht werden, dass die Bauern Zeit hatten, Kartoffeln zu stehlen. In dieser Zeit sollten die angeblich nachlässigen Soldaten sich mit den Bauersfrauen unterhalten und ihnen äußerst geheime Rezepte vom Chefkoch des Königs verraten. Der Plan des schlauen Friedrich II. klappte. Die Bauern klauten von den angeblich so gut bewachten Feldern, was das Zeug hielt. Die Bauersfrauen quatschten mit den Soldaten, die sich angeblich so leicht ablenken ließen, und die Soldaten verrieten die angeblich so geheimen Rezepte aus der Schlossküche. Die Bauern in den Dörfern bauten ab jetzt Kartoffeln an, und das leckere Rezept vom königlichen Koch kam nach der Entlassung der Soldaten direkt zu uns nach Stiepel."

"Und jetzt steht genau dieser Kartoffelsalat bei uns auf dem Abendbrottisch!", lachte Mama. Der Salat schmeckte köstlich, und Mathes war wirklich froh, dass sein Vorfahre dieses Rezept mit nach Hause gebracht hatte.

Während des Essens erzählte Uropa noch weiter:

"Nach diesem Kartoffelabenteuer wurden die 'Langen Kerls' ausgemustert, und der junge Mann kam wieder nach Stiepel zurück. Wir waren ja leider nur kleine Kötter und so musste er mal hier, mal da aushelfen, um über die Runden zu kommen. Er arbeitete auch für den Küster, fegte die Kirche, reparierte etwas, mähte mit der Sense die Wiese, harkte die Wege auf dem Friedhof. Dann beschloss 1740 die Gemeinde, den Marienaltar abzureißen. Man war ja inzwischen protestantisch, und da hatte so ein Altar in der Kirche nichts mehr zu suchen. Gesagt, getan. Unser Vorfahre musste helfen, die Steine wegzubringen und danach die Kirche vom Baudreck zu säubern. Alle Bauleute hinterlassen ja immer so viel Schutt, Staub, Steinbröckchen, Mörtelreste,......., das war früher schon so!", stichelte Uropa in Papas Richtung. "Bauleiter machen keinen Dreck", knurrte Papa, und Uropa freute sich, dass er seinen Enkel mal wieder ein bisschen geärgert hatte.

"Unserem Vorfahren war nicht wohl bei dieser Aktion. Hatten nicht 100e von Menschen im Laufe der Zeit vor den beiden Marienfiguren gebetet und Hilfe und Rat erfleht? Und jetzt wurde der Altar entfernt und die Figuren sollten in die Ruhr geworfen werden und auf diese Weise entsorgt werden? Nein, damit wollte er nichts zu tun haben. Er wurde ein bisschen bespöttelt, und jemand anders warf die Figuren in den Fluss. Doch dann kam alles anders als geplant.

Die eine Figur wurde bis nach **Werden** getrieben und brachte dort so lange Unglück über den Ort, bis die Figur wieder nach Stiepel zurückgebracht wurde. 1920 wurde sie dann in der katholischen Kirche aufgestellt. Mit der anderen Figur war es noch ärger. Auch sie schwamm davon. Am nächsten Morgen öffnete unser Vorfahre die Kirchentür,........und die Madonna stand auf ihrem alten Platz. So ging es mehrere Male, abends warf ein Bauernbursche die Figur in den Fluss, morgens stand sie wieder in der Kirche. So entschloss man sich, die Figur, die offensichtlich so an Stiepel hing und so stur war, wie die Stiepeler selbst, in der Kirche zu lassen –

auch ohne Altar. 100 Jahre später musste sie aber endgültig Stiepel verlassen, heute steht sie in **Linden** in der Kirche.
So, genug für heute, ich verlasse euch nun auch."
Mathes maulte, weil sie nur über 3 Vorfahren gesprochen und Neuigkeiten erfahren hatten. Aber am nächsten Sonntag würde es ja weitergehen.

Urururururururururururopa
geb. 1696

Genau eine Woche später machten sich **3** Gestalten auf den Weg zum Uropa; Mama kam mit.
"Vielleicht erfahre ich ja noch mehr über alte Familienrezepte", sagte sie.
Doch an diesem Sonntag erfuhren sie mehr darüber, wie die Dorfkirche verändert wurde. Nach Kaffee und Kuchen setzte sich Uropa gemütlich in seinen 'Vertellekes-Sessel' und legte los. "Unser nächster Vorfahre, der 1696 geboren wurde, war leider noch zu klein, um all die Veränderungen mitzubekommen, die unsere Kirche betrafen.
Auf **Kemnade** herrschte zu der Zeit **Friderich Matthias von Syberg**, er war gleichzeitig Patron – also Schutzherr über die Kirche. Er muss einen Renovierungsfimmel gehabt haben.
Auf Kemnade wurden neue Kamine und Holzschnitzereien eingebaut, in der Kirche sollten neue Kirchenbänke die Predigten erträglicher machen. Allerdings war der von Syberg nicht nur umbausüchtig, sondern auch geschäftstüchtig. Er wollte die Sitze an die

Gemeindemitglieder verkaufen, bis zu ihrem Tod sollten sie so einen festen Platz in der Kirche haben, der ihnen alleine zustand. Tja, da war er aber bei den Stiepelern an die falsche Adresse geraten! Fürs Bezahlen waren die noch nie zu haben! Tumulte hat es gegeben! Sein Plan war nicht durchzuführen, und er musste den Stiepelern die Kirchenbänke schenken. Sie konnten sich wieder dahinsetzen, wo sie wollten, ohne einen Cent bezahlt zu haben. So war und ist es den Stiepelern am liebsten.

Aber der Renovierungsvirus war offensichtlich ansteckend. Der Pastor **Withenius** stiftete ein neues Taufbecken, Bildhauer **Schmidt** aus Schwelm schnitzte das Becken aus Birnbaumholz. Oben auf dem Deckel steht ein großer Pelikan, der sich gerade selbst zerfleischt. Der Sage nach opfert er sich für seine Jungen. Die Menschen damals sahen eine Parallele zum Tod Jesu. Dieses Taufbecken war bunt angemalt. Im Gegenzug waren aber offensichtlich die alten Bilder an den Wänden zu bunt und wurden kurzerhand übermalt."

"Hat einer unserer Vorfahren dabei mitgemacht?", fragte Mathes empört.

"Also, das Baby, das 1696 geboren worden ist, schon mal nicht", sagte Uropa, "vielleicht sein Vater."

Mathes war sauer.

"Vielleicht hat bei diesem Kunstfrevel die Bilderfeindlichkeit der Protestanten eine Rolle gespielt, vielleicht haben die Menschen die Bilder als altmodisch empfunden, vielleicht waren sie sie auch einfach leid. Sie konnten ja nicht ahnen, wie wertvoll und interessant die Bilder für uns heute sind.

Außerdem haben die Menschen schon immer gerne etwas Altes zerstört, um etwas Neues zu bauen!"

"O je", stöhnte Papa und verdrehte die Augen zur Decke, "jetzt bin ich bestimmt wieder alles in Schuld!"

"Nö", grummelte Uropa, "leider kann ich dich nicht zur Verantwortung ziehen, das ist nun doch zu lange her! Aber gelernt hat man daraus nichts, denkt nur an die Marien-Kirche, die abgerissen werden sollte; das alte Stadtbad ist hin; Haus Kemnade sollte verhökert werden und wurde in letzter Minute von dem Förderverein gerettet; das alte Fachwerkhaus neben der alten Fähre wurde sang- und klanglos abgerissen, obwohl man noch die alte Bauweise und die Ausfüllung der Gefache sehen konnte............"

"Aber vielleicht hatte die Kalkschicht ja auch etwas Gutes", klinkte sich Mama ein, "vielleicht lagen die Bilder für einige Jahrhunderte geschützt unter der Tünche, so konnte keiner daran herummalen, ausmalen, verschlimmbessern..."

"Recht hast du", sagte Uropa und schenkte sich noch Kaffee nach.

Urururururururururururopa
geb. 1671

Während er Milch und Unmengen von Zucker in den Kaffee rührte, erzählte er weiter.

"Man schrieb das Jahr 1671, als der nächste Vorfahre geboren wurde. Er musste erleben, wie schlecht geplantes und nicht gut durchdachtes Bauen dazu führt, Geld zum Fenster raus zuwerfen."

"Ist ja mein Reden", seufzte Papa, "täglich sehe ich, wie aus Sparsamkeit an der falschen Stelle Murks gebaut wird. Und wie war's damals? Das interessiert mich brennend."

"Unser Vorfahre war 5 Jahre alt, als der Turm neu gedeckt werden musste. Man nahm Bleiplatten dafür. Ob die Bleiplatten zu schwer oder die Balken schon vorher schadhaft waren – ich weiß es nicht. Auf jeden Fall musste 11 Jahre später ein neues Balkenwerk in den Turm gebaut werden. Das hätte man doch in Einem machen können!"

"Ach", spottete Mama, "das können die Straßenbauer doch heute noch nicht! Erst wird die Straße aufgerissen, um neue Schienen für die Straßenbahn zu legen, wenn alles fertig ist, kommen die Stadtwerke und reißen alles wieder auf, um Leitungen zu ziehen."

"Tja", sagte Uropa, "die Bauern und kleinen Leute mussten bestimmt kräftig zahlen. Der Patron wird dafür nicht so spendabel gewesen sein.

Etwa 60 Jahre später hat die Gemeinde übrigens die Bleiplatten wieder verkauft, das Dach wurde ab diesem Zeitpunkt mit Schindeln gedeckt. Von dem Verkaufserlös konnte auch noch die Turmsanierung gezahlt werden.

1682 wurde auch die erste Schulvikarie gebaut. Ich bezweifle aber, dass unser Vorfahre die Schule besucht hat, er war zu diesem Zeitpunkt schon 11 Jahre alt und musste wahrscheinlich schon richtig arbeiten.

Ururururururururururururopa
geb. 1646

Von der nächsten Geschichte, die ich erzählen will, wird oft fälschlicherweise behauptet, sie hätte sich in Hattingen oder **Witten** zugetragen. Das stimmt natürlich nicht. Der Ort des Geschehens war Stiepel. Dem nächsten Vorfahren hat das Ruhrgebiet seine Entwicklung zum **Kohlenpott** und damit zum Industriestandort zu verdanken. Er hat nämlich die Kohle und ihren Wert entdeckt!"

"Nein!", rief Papa aus, "das darf doch nicht wahr sein! Schon wieder ist uns durch die Trotteligkeit unserer Vorfahren ein Vermögen verloren gegangen!"

"Nun reg' dich mal nicht auf", beruhigte Uropa den Papa, "du wärst sowieso kein guter Industriebaron geworden."

Papa murmelte etwas vor sich hin, was keiner verstand. Das war wahrscheinlich auch gut so.

"Wir waren ja damals nicht so gut betucht, und unser Vorfahre musste als 12-jähriger Junge als Schweinehirt arbeiten. Er hatte die Viecher den ganzen Tag durch die Wälder und abends in einen provisorischen Pferch in den Ruhrwiesen getrieben. Weil es Ende September nachts schon empfindlich kalt war, stach er etwas Gras ab, legte Steine in einen Kreis und zündete gesammelte Stöcke an. Das Feuer wärmte ihn, und er döste ein. Er wurde zwar immer wieder wach; er sah dann nach den Schweinen und kontrollierte das Feuer, das immer noch glimmte und wohlige Wärme abgab. Am nächsten Morgen, als er richtig wach war, machte er eine überraschende Entdeckung: Seine Stöcke waren längst verbrannt, aber die Steine glimmten immer noch. Er löschte das Feuer und nahm einige von den wunderlichen schwarzen Steinen mit nach Hause. Erst wollte seine Mutter nicht so recht die Brennsteine ausprobieren, doch schon nach dem ersten Versuch war sie begeistert. Es sprach sich schnell herum, dass die **Kohlen** besser brannten als Holz.

Die Bauernjungen, die sie neben ihrer eigentlichen Arbeit aus großen Löchern gruben, verkauften sie preiswert. Das war der Beginn des Bergbaus im Ruhrtal.

4 Jahre später wird eine andere Aktion große Aufregung und Verdruss gebracht haben. Es war die weltliche Obrigkeit, die eine gute Idee hatte, Geld zu sparen. 1662 ließ **Johann Georg von Syberg**, Herr auf Kemnade, die Burg Blankenstein abbrechen, um billiges Baumaterial für die Erweiterung von Kemnade zu haben. Die behauenen Steine konnte man ja noch gut gebrauchen."

"Manno", staunte Mathes, "wir recyceln Papier und Flaschen, die haben damals ganze Burganlagen wiederverwertet. Alle Achtung!"

"Ob die Bauern der Umgebung mit dem Recyceln einer ganzen Burg so einverstanden waren, weiß ich nicht so sicher. Unser Vorfahre hat auf jeden Fall fürchterlich geflucht, weil er natürlich mit seinem Vater helfen musste, Steine zu transportieren. Das ging zwar umweltfreundlich mit Pferd, Ochse und Wagen zu, war aber harte Knochenarbeit und nicht ungefährlich. Ein Fluch von Urururururururururururopa ist überliefert: Er soll – als sie noch spät abends eine Fuhre Steine holen sollten – im Schutz der Dunkelheit: **"Leck mich am Arsch!"** gerufen haben."

"Uropa, da verwechselst du etwas!", begehrte die sehr belesene Mama auf, "das war **Götz von Berlichingen**, der das gerufen hat! **Goethe** hat darüber ein Drama geschrieben."
"Liebe Schwiegertochter, leider hat Goethe diesen Satz der falschen Person zugeordnet. Unser Vorfahre war es, der mutig seine Meinung über die Schinderei der einfachen Leute kundgetan hat!" Siegessicher blickte Uropa in die Runde.
Papa räusperte sich: "Sollen wir heute Abend nicht zur Ehre unseres Urururururururururururuopas nach Haus Kemnade fahren und dort im Restaurant speisen?"
"Gute Idee", stimmte Uropa zu, "ich lade euch ein!"

Urururururururururururuuropa
geb. 1621

Eine Woche später deckte Mathes den Kaffeetisch und spähte zwischendurch aus dem Fenster, ob Uropa schon käme. Mama hatte Apfelkuchen gebacken und stellte ihn auf die Kaffeetafel. Da schellte es und kurze Zeit später stand Uropa im Wohnzimmer, zufrieden lächelnd begutachtete er den gedeckten Tisch. Mathes wusste schon, dass Uropa mindestens 2 Tassen Kaffee und 2 Stücke Kuchen essen würde, vorher war Uropa angeblich nicht in der Lage zu erzählen. Endlich war es so weit. Uropa machte es sich bequem, fragte, ob das 'Läpptöppchen' startklar wäre und räusperte sich: "Heute muss ich von grauenhaften Zeiten berichten, in die unser nächster Vorfahre hineingeboren wurde.

Als er 1621 auf die Welt kam, wütete seit 3 Jahren der Krieg, der noch 27 Jahre dauern sollte und als **30-jähriger Krieg** in die Geschichte einging."

"Wie man in solch schrecklichen Zeiten Kinder in die Welt setzen konnte!", regte sich Mama auf.

"Es gab noch keine Verhütungsmittel", antwortete Uropa trocken, "und uns gäbe es auch nicht.

In diesem Krieg kämpfte jeder gegen jeden, und ich glaube, die einfachen Leute in Bochum und Umgebung wussten gar nicht mehr, wer sie gerade überfiel, zu wem die Truppen gehörten, und mit wem diese Herren gerade verbündet waren. Spanier, Schweden, Lothringer, kaiserliche Truppen,......, alles zog durchs Ruhrgebiet und nahm dann auch hier Quartier.

'Quartier nehmen' hieß auf gut deutsch:

'Wir nehmen euch alles weg, was ein kleines bisschen wertvoll erscheint, das Vieh schlachten wir, das Getreide und das Saatgut fressen wir auf. Wenn ihr Glück habt, stecken wir eure Häuser **nicht** in Brand.' Jeder Überfall - aber auch jede Einquartierung - machte die Leute ärmer.

1643 war es besonders schlimm für Bochum. Unser Vorfahre und einige befreundete Bauern versuchten zu retten, was zu retten war, aber sie hatten keine Chance. Die Bauern hatten Wachposten aufgestellt, um rechtzeitig die umliegenden Höfe und die Einwohner von Bochum zu warnen. Mitten in der Erntezeit kamen wieder Soldatentruppen, die Wachposten sahen von ihrem Versteck aus, wie sich die Staubwolke durch das Ruhrtal wälzte. Sie wussten gleich, das waren zu viele Söldner, eine Verteidigung war zwecklos. Sie warnten die Höfe, die auf dem Weg der Truppe nach Bochum

lagen, damit die Bauern sich verstecken konnten; dann jagten die Bauernjungen nach Bochum, um die kleine Stadt zu warnen. Aber es waren tatsächlich zu viele Schwerbewaffnete. Der Bürgermeister übergab kampflos die Stadt. In jedem Haus wurden 5 oder 6 Soldaten einquartiert. Sie plünderten die Räucherkammern, schlachteten und brieten die Hühner, verlangten Heu und Hafer für die Pferde, verfeuerten das Brennholz für den Winter, zerschlugen zu allem Überfluss die Wände des Rathauses, zertrümmerten das **Becktor** und klauten das Schloss vom **Bongardtor**. Zum Schluss wollten sie auch noch Geld, damit sie weiterzogen! Die Äcker, über die sie getrampelt waren, waren jetzt verwüstet, die Bauern und Bürger standen vor dem Nichts. 1648 wurde endlich in **Münster und Osnabrück** Frieden geschlossen.
Europa lag in Trümmern.

Ururururururururururururururopa
geb. 1596

Sein Vater kam 1596 auf die Welt. Dies war das Jahr, in dem klar wurde, dass die Stiepeler Dorfkirche evangelisch werden würde. Der Patron muss auch dafür gewesen sein. Wie der **Pfarrer Henricus Cluvenbeck** das bewerkstelligt hat, weiß ich nicht so genau. Aber es gibt deutliche Hinweise, dass in dieser Zeit die Entscheidung gefallen ist."
"Welche Hinweise?", wollte Mathes neugierig wissen.

"Tja", schmunzelte Uropa, "die alten Rechnungen zeigen es deutlich: Die Kosten für geweihtes Öl aus Köln sanken, und die Kosten für Wein stiegen!" Uropa grinste noch mehr, als er in die drei erstaunten Gesichter blickte.

"Wie?", fragten alle gedehnt.

Uropa erklärte: "Also, geweihtes Öl brauchte man für verschiedene sakrale Handlungen – bei der Taufe zum Beispiel -, außerdem benötigte man Öl für das **Ewige Licht**, das immer in katholischen Kirchen im Altarraum brennt. Auf einmal kaufte man das nicht mehr, es wurde offensichtlich nicht mehr benötigt. Bei den evangelischen Gemeinden wurde aber Brot und Wein den Gemeindemitgliedern bei der Abendmahlfeier gereicht, also stieg der Bedarf an Wein, den man folglich jetzt öfter kaufen musste.

Ab 1609 hat Cluvenbeck die lutherische Religion öffentlich in der Kirche gelehrt und die Psalmen in Deutsch singen lassen. Außerdem soll er verheiratet gewesen sein.

Seinen Grabstein kann man heute noch auf dem Dorffriedhof finden. Er steht rechts vom Turm, in den Grabstein ist ein Kelch gemeißelt.

Dass die Kirche ehemals katholisch war, sieht man an dem reich verzierten Sakramentshäuschen und dem Weihwasserbecken.

Ob unser Vorfahre die Veränderungen bewusst wahrgenommen oder alles so hingenommen hat?

Was auf jeden Fall um 1614 für Aufregung in Stiepel gesorgt haben muss, war der Überfall des **Jost von Aschebrock, Droste von Bochum**. Er hat Stiepel angegriffen – es reichten ja nicht die Raubzüge der spanischen Söldnertruppen vor ein paar Jahren – nein – auch die direkten Nachbarn mussten sich bekämpfen. Die Bauernjungen - unser Vorfahre mitten mang dabei - werden sich mit den Leuten des Drostes ziemlich geprügelt haben, im Verlauf dieser Schlägerei muss einiges zu Bruch gegangen sein. Bei der späteren Anklage wurde von 'Verwüstungen' gesprochen.

Während dieser 'Feldwegschlacht' ('Straßenschlacht' konnte man es ja wohl noch nicht nennen) nahm der Droste auch noch den Stiepeler **Küster Evert Munkenbeck** gefangen! Ich kann mir die Empörung der Stiepeler Bauern gut vorstellen. Auf jeden Fall wurde vor dem Reichskammergericht wegen dieser Ausschreitungen ein Prozess geführt, **Wennemar von der Recke zu Kemnade** vertrat die Stiepeler Seite, er war ja der Patron.

Urururururururururururururururopa
geb. 1571

Die Väter der beiden, also der Vater von Wennemar und der Vater unseres Vorfahren, erlebten auch etwas weniger Erfreuliches. **Cort von der Recke** war etwa 30 Jahre, unser Vorfahre 18 Jahre alt, als es 1589 passierte:
Hohe Flammen loderten aus Haus Kemnade, die Kirchenglocke, die gleichzeitig auch die Feuerglocke war, bimmelte wie verrückt, alle schnappten sich die Ledereimer zum Löschen, rannten zur Ruhr und stiegen in die Boote. So schnell sie konnten, setzten sie über. Aber es war zu spät, Haus Kemnade brannte lichterloh, und es gab keine Rettung mehr. Die Bauern aus Stiepel und die Knechte von Kemnade

bildeten noch eine Kette zur Ruhr und schöpften bis zum Umfallen, aber es war nur ein Tropfen auf den heißen Stein – im wahrsten Sinne des Wortes. Am nächsten Tag sah man das ganze Ausmaß des Unglücks: Alles lag in Schutt und Asche. Zu diesem Zeitpunkt wusste keiner, wie es weitergehen sollte. Nur, dass unsere Vorfahren, die einfachen Leute, die Last zu tragen hatten, das war allen klar."

Und Uropa stöhnte und seufzte, als wenn er höchstpersönlich hätte mithelfen müssen, die verbrannten Reste zu entsorgen und Steine für den Neubau herbeizuschleppen. Schnell bot ihm seine Schwiegerenkeltochter ein Stück Kuchen zur Stärkung an, und Uropa griff gerne zu. Auch mit Sahne sparte er nicht. Nach einer halben Tasse Kaffee räusperte er sich und fuhr fort: "Dieser Cort von der Recke muss sowieso ein Pechvogel gewesen sein. Auch seine Blagen waren nicht gut geraten, vor allen Dingen die Mädchen. Er hat die beiden sogar enterben lassen."

"Wieso?", fragte Mama, die sofort innerlich Partei für die jungen Frauen von damals ergriff. Uropa hatte es geahnt und grinste: "Tja, ziemliche Skandalnudeln! Sie sollten im Kloster Gräfrath Nonnen werden, organisierten aber irgendwie klammheimlich eine Entführung, eine bekam auch noch ein Kind, **ohne** verheiratet zu sein (zur damaligen Zeit ein Skandal), wurden aber trotzdem im Haus Kemnade wieder aufgenommen, sie flohen von dort aber wieder. Eine hat sogar noch ihren Bruder verklagt."

"Kein Wunder, dass die wieder abgehauen sind, was meint ihr, was da für eine Stimmung war!", zeigte Mama Verständnis.

"Ich kann es mir auch lebhaft vorstellen, was bei von der Reckes los war!", pflichtete Papa bei.

"Die Moralvorstellungen waren zu der Zeit aber sehr viel strenger", gab Uropa zu bedenken.

"Zurück zu **unseren** Vorfahren, die solche Eskapaden nicht nötig hatten. Dieser Vorfahre hat übrigens erlebt, dass die jetzt noch vorhandene Glocke gegossen wurde. Das war 1575. Die Glocke ist aus Bronze und hat ihr ganzes Glockenleben im Turm verbracht.

Urururururururururururururururururopa
geb.1546

In diesem Jahrhundert wurde die Kirche noch einmal mit Bildern verschönert. Das wurde nötig, weil die Kirche erweitert worden war, und diese Wände noch kahl und nackt waren. Das Bemalen dieser Wände wird unser nächster Vorfahre erlebt haben. Da ja alle aus unserer Familie immer sehr interessiert sind, wird auch er wohl ständig in die Kirche gerannt sein und die Künstler mit Fragen genervt haben. Gemalt wurden der Weltenrichter, der über dem Altar in der Deckenrundung zu sehen ist, zwei Apostel und Jesus im Haus des Pharisäers Simon. Das Bild kann man leider nicht mehr so gut erkennen, und die Entdecker 1952 meinten, das letzte Abendmahl vor sich zu haben. Dafür waren aber zu wenige Personen auf dem Bild, also hat man kurzerhand ein paar Personen ergänzt. Heute sind diese Verschlimmbesserungen aber wieder verschwunden.

Das nächste Bild, das leider nicht vollständig restauriert werden konnte, ist in der Nähe des Nebeneingangs zu finden. Es stellt wohl die Geburt Jesu dar. Ein Stoffstück liegt auf Fliesen, die einen Raum andeuten sollen. Der Maler hatte wohl von dem Konstruktionsprinzip der perspektivischen Malerei gehört, aber kannte den alles entscheidenden Trick nicht: Alle vertikalen Linien müssen auf einen Fluchtpunkt zulaufen. Spannend zu sehen, dass diese in Italien gewonnene Erkenntnis durch **Albrecht Dürer** in Süddeutschland schon bekannt war, aber dieses neue Wissen noch nicht bis in die letzten Winkel des Reiches gedrungen war."

"Och", meinte Mathes, "dieses Wissen ist bis heute nicht in die letzten Winkel der BRD und Bochum gedrungen, da musst du dir mal die Bilder in unserem Kunstunterricht begucken!" Papa befürchtete, dass Uropa die unbegabten Schulfreunde von Mathes zum Anlass nehmen würde, über seinen Lieblingsmaler Dürer zu erzählen, deshalb warf er schnell ein: "Wurden zu der Zeit nicht auch Adam und Eva gemalt?", und Uropa war wieder beim Thema. Papa atmete unmerklich auf: 'Gefahr erkannt, Gefahr gebannt!', dachte er, obwohl auch er Dürer klasse fand.

"Ja", nahm Uropa den Gesprächsfaden wieder auf, "auf der linken Seite vom Eingang aus gesehen ist die Geschichte von Adam und Eva dargestellt. Das große Wandbild ist wie ein Comic in 4 Teile geteilt. Zuerst erschafft Gott Eva aus der Rippe von Adam. Auf dem 2.Bild erkennt man gut die Schlange, die sich um den Baum der Erkenntnis windet. Eva hat den Apfel schon in der Hand. Jeder weiß, was jetzt passiert, sie essen den Apfel. Auf dem 3.Bild betritt wieder

Gott die Szene. Mit überlangem Zeigefinger weist er die beiden auf ihr Vergehen hin. Im 4. Bild verlassen Adam und Eva tieftraurig das Paradies, ein Engel steht vor dem Tor, sie dürfen nie mehr zurück."

Nachdenklich schaute Uropa auf die kläglichen Reste des Apfelkuchens.

"Von welchem verbotenen Baum waren denn diese Äpfel, die uns dazu verführt haben, fast einen ganzen Kuchen aufzuessen?"

"Dein Enkel hat 'Apfelkuchen' vorgeschlagen!", verteidigte sich Mama.

"Mit ähnlichen Worten hat Eva im Paradies sich auch rauszureden versucht!", lachte Uropa.

"Demnächst gibt's Zwieback!", drohte Mama.

Ururururururururururururururururururopa
geb.1521

"Der nächste Vorfahre – geboren 1521 – musste schreckliche Zeiten durchmachen, und es ist ein Wunder, dass er überlebt hat. Es war 1544. Er war jung verheiratet, arbeitete auf dem kleinen Hof, erledigte seine Spanndienste für die Herrschaft auf Haus Kemnade und hoffte – wie alle – auf eine gute Ernte. Ein bisschen Abwechslung brachten die Festtage. Das schönste Fest im Sommer war das Schützenfest in Bochum. Seine Frau sollte an diesem Tag die Hofarbeit alleine schaffen, er wollte sich für einen Tag vergnügen."

"Typisch", bemerkte die Mama spitz. Leider war sie in der Minderheit, und so musste sie sich etwas von 'Kaffeeklatsch', 'Frisörbesuch' und 'Krimi-Leseabend' anhören.

Endlich beruhigten sich die Vier, und Uropa konnte weitererzählen.

"Er sattelte sein Pferd und ritt früh morgens los. Je näher er der kleinen Stadt kam, umso mehr wunderte er sich: Kein Mensch begegnete ihm, kein Tier stand auf der Weide, die ersten Höfe von Bochum lagen wie ausgestorben. Er ritt durch das Tor, doch auch die Stadt war menschenleer. Angst stieg in ihm auf. Sollte etwa die Pest ausgebrochen sein? Sein schrecklicher Verdacht bestätigte sich eine Minute später. Als er von der **Oberen Marktstraße** mit seinem Pferd auf den Marktplatz stürmte, stieß er fast mit dem übervollen Leichenkarren zusammen, den der Totengräber zog. Der, der eigentlich zu den verachteten Personen einer Stadt zählte, warnte ihn: ,Flieh, so schnell du kannst! Die Pest ist in der Stadt! Das ist die Strafe Gottes!' Unser Vorfahre wendete sein Pferd und jagte davon. Doch er war schon von einem infizierten Floh gebissen worden, 2 Tage später hatte er dicke Eiterbeulen unter den Achseln und in der Leiste. Seine Frau schnitt sie ihm auf. Er hatte Glück und überlebte, seine Frau hatte sich aber angesteckt und starb 3 Tage später. In ganz Bochum und Umgebung hielt der Tod reiche Ernte.

Die wenigen, die übrig geblieben waren, versuchten, das Leben der kleinen Stadt und der winzigen Dörfer ringsum wieder in Gang zu setzen, aber es war schwer. Es fehlte an Arbeitskräften und an Fachleuten.

Unser Vorfahre heiratete ein Jahr später noch einmal."

"Zum Glück!", atmete Mathes auf, "sonst gäbe es uns gar nicht!"

"Mich gibt es gleich auch nicht mehr", stöhnte Papa, "wenn ich nicht auf der Stelle etwas zu essen bekomme!"

Auch Uropa hatte tatsächlich schon wieder Appetit und freute sich auf den obligatorischen Kartoffelsalat.

Urururururururururururururururururopa
geb.1496

Am nächsten Sonntag goss es in Strömen, und Papa, Mama, Mathes und der Laptop fuhren mit dem Auto zum Uropa. Der stand schon am Fenster und wartete auf die drei.

"Ich habe etwas fabriziert, was es früher – als Opa klein war – auf jedem Kindergeburtstag gab: Kalte Schnauze!", strahlte Uropa, als er die Tür öffnete. Es roch schon gut nach Kaffee, das hob die Stimmung von Mama und Papa. Nachdem jeder von der Kalorienbombe gekostet und entsprechend gelobt hatte, legte Uropa los:

"Weiter geht es mit unserer Familienzeitreise!

Der nächste Vorfahre war Zeuge und Mitakteur eines Vorfalls, der weitreichende Folgen für die Geschichte von Europa hatte."

"Huiiii!", machte Papa. Uropa blinzelte ihn kurz an, ließ sich aber nicht weiter stören.

"Ich will der Reihe nach erzählen. Wie ihr ja wisst, war unser Hof nur ein kleiner Kötterhof. Was man erwirtschaften konnte, reichte kaum für alle, die hier lebten. Also mussten immer ein paar Kinder in Stellung gehen und sich ihr Brot als Kleinknechte oder Mägde verdienen. Unser Vorfahre hatte eine Stelle als Pferdeknecht beim **Rentweister Johann Schriver** in Bochum bekommen und arbeitete dort schon seit Jahren. Schrivers waren für Bochumer Verhältnisse ziemlich gutbetucht.

Die Pferdeknechte schliefen in der Knechtekammer direkt beim Pferdestall. Mitten in der Nacht vom 25. auf den 26. April 1517 zerriss ein Schrei die Nacht: ,Feuer!' Kurze Zeit später begann die Sturm- und Feuerglocke zu läuten, alle sprangen von ihren Strohsäcken. 'Es brennt bei uns! Schrivers Haus brennt!' Alles schrie und rannte durcheinander. Unser Vorfahre band die wertvollen Tiere los, die Mägde versuchten mit dem Hausherrn und seiner Frau, das Wichtigste aus dem Haus zu retten, dann versuchten alle, Wasser aus dem Brunnen zu schöpfen, um den Brand einzudämmen. Nachbarn eilten herbei um zu helfen. Doch das Feuer sprang von Strohdach zu Strohdach, von Haus zu Haus. Da raffte jeder zusammen, was er tragen konnte, brachte die Familie in Sicherheit und floh aus der brennenden Stadt. Vor den Stadttoren mussten die entsetzten Menschen mit ansehen, wie ihre kleine Stadt, ihr Hab und Gut, ein Raub der Flammen wurde. Nichts blieb übrig, selbst die Propsteikirche brannte bis auf den Chorraum nieder. Als das Ausmaß der Zerstörung am nächsten Tag zu sehen war, schlug die Fassungslosigkeit in Wut um. Johann Schriver wurde aus der Stadt verjagt, an seinem Vermögen hielt man sich schadlos. Durch dieses riesige Unglück hatte unser Vorfahre seine Arbeitsstelle verloren.

Für ein paar Wochen kam er zuhause in Stiepel unter, doch mit der Ernte des kleinen Hofes konnte man beim besten Willen nicht so viele Mäuler stopfen. Er wollte sein Glück in Hattingen versuchen, ein guter Pferdeknecht mit Pferdeverstand musste doch Arbeit und Brot finden! Hattingen war ja nicht weit, dazu seit fast 100 Jahren **Hansestadt**, hier gab es Händler und Kaufleute, vielleicht hatte er Glück. Und tatsächlich: Er, der vorher in seinem Leben nicht weiter als 20 km über Bochums Grenzen hinausgekommen war, wurde von einem Kaufmann angeworben, der auf Durchreise war. Der Kaufmann wollte über die alten Handelswege nach **Köln**, von da aus weiter nach **Frankfurt**, er redete von **Nürnberg, Regensburg** und **Augsburg**; unser Vorfahre war völlig verwirrt, aber – egal – er hatte Arbeit, er hatte Essen, er bekam einen neuen Kittel und eine neue Hose, und er würde etwas von der Welt sehen.

In Köln bestaunte er die Baustelle vom **Kölner Dom**, so etwas hatte er sich nicht vorstellen können; in Frankfurt auf der Messe sah er Waren aus aller Herren Länder – sogar aus dem Orient, er hatte bis dahin nicht gewusst, was es alles gab; in Nürnberg befand er sich auf einmal in einer Weltstadt, hierhin kam sogar der Kaiser! Hier wohnten Gelehrte und Künstler. Sein Dienstherr, der Kaufmann, verhandelte sogar mit Dürer, um einige Drucke zu erwerben, die er gewinnbringend weiterverkaufen wollte."

"Hat sich unser Vorfahre auch einen Druck besorgt?", fragte Mathes aufgeregt.

"Nein!", antwortete anstelle von Uropa der Papa mit knurrigem Blick, "du hast ja in der Zwischenzeit mitbekommen, dass unsere Familie zwar überall die Nase reinsteckt, aber nicht den richtigen Riecher für Geld hat." Uropa lachte: "Dass aus meinem kleinen Enkel so ein Gelddrache geworden ist! Aber es ist doch toll, dass einer aus unserer Familie den berühmten Künstler leibhaftig gesehen hat! Ich würde mich sooo gerne mal mit Dürer unterhalten."

"Uropa, erzähl' von unserem Vorfahren", denn auch Mathes kannte Uropas Lieblingsmaler und fürchtete, dass die Geschichte ihrer Familie nicht weiterginge, wenn Uropa erst einmal über Dürer referieren würde (obwohl auch Mathes Dürer genial fand).

"Gut", befand Uropa, trank noch schnell einen Schluck von seinem guten Kaffee und fuhr fort:

"Weiter ging die Reise nach **Wittenberg**. Unser Vorfahre hatte viel Arbeit, das Wetter wurde schlechter, die Tiere mussten auf das Sorgfältigste gepflegt werden. Mitte Oktober kamen sie in Wittenberg, einer kleinen Universitätsstadt, an. Sein Chef handelte und verkaufte, unser Vorfahre ließ in der Zeit die Pferde neu beschlagen, besorgte Futter, ließ Sättel reparieren und, und, und… Aber es blieb noch Zeit, durch die kleine Stadt zu spazieren. Gelehrte eilten durch die Straßen, in wissenschaftliche Dispute vertieft. Studenten bummelten durch die Gassen, Texte oder Vorlesungen diskutierend oder jungen Mädchen hinterher pfeifend, je nachdem.

Am 31.10.1517 passierte es dann. Unser Vorfahre stand vor der **Schlosskirche** und schaute sich die Fassade an. Er wollte sich alles genau merken, damit er in Stiepel davon berichten könnte. Da kam ein **Mönch – ein Augustiner** – mit wehender Kutte angewetzt. Er hielt eine Papierrolle unter dem Arm, einen Hammer und mehrere kleine Nägel in der Hand. An der Tür der Schlosskirche versuchte er, die widerspenstige Papierrolle glatt zu streichen, die Nägel in die richtige Position zu bringen und mit dem Hammer zuzuschlagen. Wie ihr euch denken könnt: Es misslang. Die Nägel landeten auf dem Boden, das Papier segelte hinterher. Zum Glück war aber unser Vorfahre zur Stelle. Er fing das Papier ein und hob die Nägel auf. **Was** er da in den Händen hielt, wusste er natürlich nicht, denn lesen konnte er nicht richtig. Aber mit Hammer und Nagel umgehen, **das** konnte er. Mit ein paar gezielten Hammerschlägen war das Papier befestigt, und der Mönch bedankte sich mit wohlgesetzten Worten.

Mit dem Anschlag der **95 Thesen** an die Tür der Kirche von Wittenberg begann die **Reformation**. Und wenn **wir** nicht gewesen wären, wären wahrscheinlich die schönen Thesen von **Martin Luther** im Straßendreck gelandet."

Stolz blickte Uropa sein Publikum an.

"Uropa", wagte Mathes den Einwand, "unser Religionslehrer hat erzählt, der Anschlag der Thesen wäre historisch nicht bewiesen." Uropa runzelte die Stirn. Wütend fauchte er; "Hach, die wissen auch immer **alles** besser!"

Urururururururururururururururururopa
geb. 1471

Uropa musste sich erst 'mal mit einem Stück

'Kalte Schnauze' beruhigen, bevor er weitererzählen konnte. "Unser nächster Vorfahre erlebte 1486 ein ähnliches Wetter wie wir heute...", und alle schauten zum Fenster, gegen das der Regen prasselte. "Allerdings regnete es nicht nur einen Sonntag lang, sondern Wochen hindurch. Die Ruhr führte Hochwasser, und es war unmöglich, auf die andere Seite der Ruhr zu gelangen. Die Wiesen unten im Ruhrtal standen unter Wasser, und ein kleiner Hof in **Buchholz** versank mit Mann und Maus in den Fluten. Die Ruhr war zu einem Strom geworden, reißend und gefährlich. Überall entlang des Flusses gab es Tote zu beklagen, entweder waren kleine Kötterhäuser vom Wasser weggespült worden, oder jemand wollte seine Tiere retten und hatte die Kraft des Wassers unterschätzt. Auch Haus Kemnade war völlig vom Wasser eingeschlossen. Endlich hörte es auf zu regnen, und nach ein paar Tagen ging das Wasser wieder zurück. Doch leider hatte es sich die Ruhr anders überlegt und floss nicht mehr in ihrem alten Flussbett! Sonst rauschte sie immer – von Stiepel aus gesehen – **hinter** Haus Kemnade her, jetzt befand sie sich auf einmal **vor** Haus Kemnade! Wege, die seit zig Jahren von Stiepel aus nach Kemnade führten, endeten auf einmal am Flussufer! Seit 1486 mussten also die Stiepeler über die Ruhr, wenn sie zu ihrem Patronatsherrn mussten; der musste ebenfalls über die Ruhr, wenn er in die Kirche wollte. Die Verlagerung des Flussbettes sorgte natürlich für helle Aufregung. Wem gehörten jetzt die Wiesen? Wo sollte die Fähre übersetzen? Wie sollte man Wiesen, die plötzlich auf der anderen Seite des Flusses lagen, nutzen? Wieder einmal standen die Menschen machtlos vor den Naturgewalten.

In dieser Zeit der Ratlosigkeit waren gerade Künstler in der Kirche am Werke. Sie sollten das Bild vom hl. Georg auf die nördliche Wand im Chorraum malen. Dieses Gemälde stellt das Gefühl der Ohnmacht sehr gut dar. Ein Drache bedroht die schöne Königstochter, aber weder die Herrschenden des Orients noch die Mächtigen des Abendlandes – dargestellt durch ihre Paläste und Burgen – können dem armen Mädchen helfen. Selbst die Natur ist feindlich gesinnt, im Fluss – es soll sicherlich die Ruhr sein – schwimmt ein Totenkopf. Doch da naht der hl. Georg auf seinem Pferd und zermalmt das Ungeheuer! Für die Menschen war klar: Nur der von Gott gesandte Retter konnte helfen. Für die Menschen damals war ja auch sonst auf nichts Verlass. Übrigens setzten die Hattinger aus diesem Grund den hl. Georg in ihr Stadtwappen. Ob unser Vorfahre mitgekriegt hat, dass **Kolumbus Amerika** entdeckt hatte? Ob die Stiepeler erstaunt waren, dass die Erde keine Scheibe war und es jenseits des Meeres noch einen anderen Kontinent gab? Wahrscheinlich hat es sie mehr berührt, dass Kemnade jetzt jenseits von Stiepel lag.

Urururururururururururururururururururur-opa
geb. 1446

Sein Vater, der 1446 geboren wurde, hat als 6-jähriger erlebt, dass eine Marienstatue für die Kirche gestiftet wurde. Jesus saß auf dem Schoß seiner Mutter. Das Kind hielt einen goldenen Apfel in der Hand, Maria trug das Zepter.

Zusätzlich waren viele Teile der Statue vergoldet! Für die Menschen damals waren das alles Zeichen der Macht: Jesus wird einmal der Herrscher über die Welt sein.

Wahrscheinlich ist die Statue mit vielen Gottesdiensten und Marienandachten an ihren Platz gebracht worden. Die Leute haben Wallfahrten nach Stiepel unternommen, um hier zu beten und zu bitten. Außerdem gab es hier heiliges Wasser. Aber dazu später mehr.

Übrigens ist das die Marienfigur, die heute in Linden steht, obwohl sie doch so gerne in Stiepel geblieben wäre.

Doch zurück zu unserem Vorfahren. Er lernte das ehrbare Zimmermannshandwerk. Holzgerüste, Fachwerkbauten usw. wurden ja immer gebraucht. Wie sich später herausstellte, war er nicht nur tüchtig, sondern auch geschäftstüchtig."

"Hört, hört", murmelte Papa an seinem Laptop, "wenigstens einer aus unserer Vorfahrenschar."

Uropa ignorierte ihn.

"Als Geselle kam er bis nach Köln. Sein Meister bekam 1465 einen merkwürdigen Auftrag. In der Werkstatt musste nach den Zeichnungen des Auftragsgebers eine Presse gebaut werden. Diese Presse war dafür da, **Bücher** zu drucken! Bücher **schrieben** doch die Mönche im Kloster **ab**! Bücher waren doch so teuer, dass man sich für ein Buch ein vornehmes Stadthaus aus Stein in bester Lage direkt am Markt kaufen konnte! Oder zehn kleine Häuser mit Gartenland! Doch bei diesem neuen Verfahren wurde aus kleinen Buchstaben eine Textseite zusammengesetzt und 250-mal gedruckt. Das machte man mit jeder Seite des Buches so, das Buch wurde gelegt, gebunden und eventuell verziert. Jetzt sollte ein Buch nur noch ein Fünftel des alten Preises kosten. – Irgendwann – so schwärmte der Buchdrucker, - würden in allen Häusern Bücher zu finden sein! – Unser Vorfahre war skeptisch, in seinem Leben sollte sich tatsächlich kein gedrucktes Buch nach Stiepel auf einen der Höfe verirren. Als er ausgelernt hatte, ging er nach Hause zurück. Gerade rechtzeitig, denn an der Kirche wurde wieder ein bisschen gebaut. Ich erwähnte das ja schon bei der Geschichte von Adam und Eva. Das Kirchenschiff wurde so erweitert, dass der Grundriss fast quadratisch wurde, zusätzlich wurde der Chorraum verändert und eine Sakristei angebaut. Leider ging das Geld aus, Bruchsteinmauern waren nicht ganz preiswert. Ein weiteres Problem war die Stabilität. Je höher man mauerte, desto dünner musste die Mauer werden. Gleichzeitig musste diese Mauer aber Stürmen gewachsen sein. Die Giebelmauer an der Ostseite der Kirche bereitete Sorgen. Da wagte unser Vorfahre den ungewöhnlichen Vorschlag, diese Wand in der bewährten Bauweise für Bauernhäuser auszuführen, nämlich in Fachwerk! Seine Argumente waren: Preiswert, solide Bauweise, relativ einfach auszuführen (von seiner kleinen Werkstatt), haltbar, hundertfach bewährt. Zuerst wollte der Rat der Gemeinde den Vorschlag nicht annehmen. Vorne trutzige Bruchsteinbauweise und hinten Fachwerk wie bei einfachen Bauernhäusern? Vorne – **huii** – und hinten – **pfuii** -? Doch der Blick in die Kasse zwang die Herren, den Vorschlag noch einmal zu überdenken. Die Argumente waren ja wirklich nicht schlecht. Also wurde es so gemacht, die markante

Fachwerkwand an der Ostseite der Kirche wurde erstellt. Und das war ja auch auf **unserer** Briefmarke zu sehen."

"Also ist die Sparsamkeit unseres Vorfahren daran schuld, dass **du** das Geld nur so zum Fenster hinaus und der Post in den Rachen geschmissen hast!", stellte Papa sarkastisch fest. Alle wussten, dass Uropa – vor Stolz fast platzend – auch alle normalen Briefe mit der Briefmarke für **1,45 €** beklebt hatte.

"Ein bisschen Lokalpatriotismus muss sein!", entgegnete Uropa.

Ururururururururururururururururururururur-uropa
geb. 1421

Unser nächster Vorfahre wurde Zeuge eines Bruderkrieges. Die Herren Ritter hatten nichts Besseres zu tun, als sich zu befehden. Es waren die beiden **Herzöge Adolf IV. von Cleve-Mark** und sein **Bruder Gerhard**. Zum Glück gehörte das Stiepeler Land nicht zum Herrschaftsgebiet dieser Streithähne, aber ob das immer so klar war, ist nicht so klar. Auf jeden Fall rückte im Oktober 1423 Adolf mit 500 bewaffneten Kriegern an und kam bis nach **Wiemelhausen**, Gerhard erschien von der anderen Seite. Gerhard gewann dieses Scharmützel, doch Adolf gab nicht auf. Er verpfändete einfach das Amt Bochum an einen anderen Ritter, und schon wieder wurde gekämpft. Sogar der **Kaiser Sigismund** mischte sich ein, doch erreichte er bei diesen

Betonköpfen nichts. So blieb Bochum im Kriegszustand und wurde ständig überfallen. Auch die kleinen, ungeschützten Höfe in Stiepel wurden in Mitleidenschaft gezogen. Nicht umsonst gibt es etliche Erzählungen, die von Raubrittern, Morden, gruseligen Geisterfahrten durch Bochum und Stiepel bis zur Ruhr berichten." Uropa schwieg und angelte sich noch ein Stück 'Kalte Schnauze'.

"Erzähl!", bettelte Mathes, "bitteheh!"

Darauf hatte Uropa nur gewartet, und weiter ging's:

"**Joost von Syberch** soll **auf Blankenstein** gehaust haben. Eins seiner Hobbys war, Kaufleute auszurauben, die durch das **Ruhr- und Hammertal** zogen. Eine weitere nette Beschäftigung von ihm war es, die Bauern der Umgebung zu überfallen. Er ließ sogar seine Pferde verkehrt herum beschlagen, so dass die Verfolger seiner Spuren auch noch getäuscht wurden. Doch irgendwann wurde die Wut der Opfer zu groß, sie schlossen sich zusammen und wollten sich an dem Ritter rächen. Doch leider erwies sich seine Burg Blankenstein als uneinnehmbar, bis eine alte Frau den Wütenden und Verzweifelten einen Tipp gab: Ein Esel bekam 3 Tage lang nichts zu saufen, dann ließ man das halb verdurstete Tier am Burgberg frei. Zielstrebig lief der Esel auf die versteckte Quelle zu, die die Burg mit frischem Wasser versorgte. Der Wasserlauf wurde umgeleitet, und Ritter Joost war bald genauso durstig wie der Esel. Er musste aufgeben, erbat sich aber für seine Frau dreimal freien Abzug. Das erlaubten in ihrer Gutmütigkeit die Belagerer. Die Frau des Ritters schleppte also beim ersten Mal den Ritter Joost von der Burg herunter, beim zweiten

Mal ihren Sohn und beim dritten Mal eine riesige Kiste mit Gold, Silber und Geschmeide. Sie wollten zum Haus Weitmar flüchten, da wohnte ihr Onkel. Dazu mussten sie über die hölzerne Ruhrbrücke, die leider etwas in die Jahre gekommen und baufällig war. Denn just, als sich die räuberische Sippschaft auf der Brücke befand, brach sie zusammen und alles versank in den Fluten.

Manchmal glitzert es so seltsam in der Ruhr, dann sieht man für kurze Zeit den Schatz der Syberchs."

Und bevor Papa sich über die sinnlose Verschwendung wertvoller Gegenstände äußern konnte, fügte Uropa schnell hinzu:

"Niemand will etwas von dem Schatz haben, denn nur das kleinste Fitzelchen davon bringt ein Riesenunglück über die ganze Familie des neuen Besitzers."

Ururururururururururururururururururururururur-ururopa
geb. 1396

1396 kam wieder ein kleiner Junge zur Welt. Sein Leben war begleitet von wirtschaftlichen Transaktionen, die ganz Stiepel betrafen. Man fühlt sich in die heutige Zeit versetzt, in der auch Kaufhäuser, Firmen, Fabriken gekauft und verkauft werden. Die, die dort arbeiten, werden nicht gefragt.

Also: Bis 1410 waren die **Herren von Dücker** die Inhaber der Herrschaft Stiepel gewesen, doch dann kauften die **Herren**

von der Recke 1418 Stiepel von einer Dückerstochter ab.
Zwar war alles anders geplant und vorbereitet worden, doch -
- erstens - kommt es anders und - -zweitens - als man denkt.
Die Eltern hatten nämlich 1383 den 8-jährigen Sohn Hermann
von der Recke mit der 7-jährigen Enkelin der von Dückers
verlobt, aber daraus wurde nichts. Dieser Hermann wollte
aber die Herrschaft Stiepel und natürlich Kemnade unbedingt
besitzen, und da er durch Lösegeldforderungen nach
Schlachten und Scharmützel sehr reich geworden war, zahlte
er und brachte auf diese Art und Weise alles in seine Hand.
Nun waren also die Herren von der Recke für über 200 Jahre
die Chefs der Stiepeler.
Ob sich für die Stiepeler viel geändert hat? Wahrscheinlich
nicht. Die Menschen werden ihre Steuern bezahlt und ihre
Spanndienste geleistet haben wie vorher. Das Leben ging
nach dem Motto weiter: ‚Des' Brot ich ess', des' Lied ich
sing.'"
"Was soll das heißen?", fragte Mathes.
"Unter dessen Herrschaft ich stehe, für den muss ich
arbeiten, und für den muss ich da sein."
"Das hat sich ebenfalls bis heute nicht geändert", seufzte
die Mama.

Urururururururururururururururururururur- urururopa
geb. 1371

"Der nächste Vorfahre soll für heute unser letzter Vorfahre sein, ich habe schon Fransen am Mund", behauptete Uropa.
"Vielleicht hilft noch ein Stück 'Kühlende Schnauze'?", bot Mathes dem Uropa an.
"Nein", lachte der, "sie ist doch ziemlich mächtig."
Er ruckelte etwas in seinem Vertellekes-Sessel hin und her, bis er gemütlich saß.
"Also", legte er erneut los, "dieser Vorfahre wurde 1371 unter sehr schwierigen Umständen geboren. Aber zu der Geburt später mehr.
1388 gab es mal wieder eine Fehde, diesmal zwischen der **Reichsstadt Dortmund** und dem **Grafen Engelbert III**. Inzwischen hatten sich einige kleine Städte und Gebiete auf die Seite des Grafen geschlagen, so auch das **Amt Bochum** – nicht die **Stadt Bochum**. Das Amt war dadurch zum Feind von Dortmund geworden, also hatten die Dortmunder das Recht, das Gebiet zu überfallen. Das taten sie natürlich auch und machten sich über **Harpen** her. Am 14.11.1388 raubten sie in der Nacht Vieh im Wert von 40 rheinischen Gulden. Das war ungeheuerlich, und diese Tat schrie förmlich nach Rache. Ob **Graf Engelbert III.** keine Lust oder keine Zeit oder keine Leute hatte, wird im Dunkel der Geschichte bleiben. Tatsache ist, dass die Bochumer eingriffen und ihren Nachbarn zur Seite stehen wollten. Zufällig befand sich

unser Vorfahre bei seinem Onkel in Bochum, er sollte eigentlich eine Kuh abholen und zum Bullen nach Stiepel bringen. Tja, da hörten sie das Getute des Horns. Das war das Signal, dass alle Männer sich auf dem Marktplatz versammeln sollten. Schnell war besprochen, was zu tun sei. Jeder lief nach Hause, um sich eine 'Waffe' zu holen. Die Krieger fanden sich nach einiger Zeit wieder auf dem Marktplatz ein, die Bewaffnung und die Ausrüstung waren abenteuerlich. Die 'Krieger' führten Mistgabeln, Dreschflegel und Rechen mit sich, der Schmied hatte seinen Hammer mitgebracht. Der Bürgermeister betrachtete seine 'Armee' skeptisch. Erstens hatten sie so keine Chance gegen eine ausgebildete Söldnertruppe, zweitens wollte er kein Blutvergießen; Bochum konnte keine Verluste verkraften. Außerdem konnte er kein Blut sehen. Unser Vorfahre hatte den Blick des Bürgermeisters erhascht und seine Gedanken erraten. ,Man sollte sie nicht bekämpfen, man müsste sie überlisten', wandte er sich an den Bürgermeister. Der war aufgrund der aussichtslosen Situation ziemlich schlecht gelaunt und raunzte: ,Wat maaken denn Grünschnäbel hierbie?' Der Onkel verteidigte unseren Vorfahren: ,Dat is'n gewitztes Kerlchen. Der hat immer gute Einfälle. Da kast di drop verloten!' ,Hm, Hm, soso', brummte der Bürgermeister erwartungsvoll. ,Wir müssen sie erschrecken!', überlegte der junge Bursche, ,sie müssen denken, der Leibhaftige wäre hinter ihnen her!' Als ihn alle gespannt anstarrten, fuhr er fort: ,Also, ich kann pfeifen, dass man es in ganz Stiepel hört!' Er steckte blitzschnell 4 Finger in den Mund und pfiff so schrill, dass der Bürgermeister zusammenzuckte, der

Schneider sich die Ohren zuhielt, die Hunde anfingen zu bellen und selbst der halbtaube Schmied anerkennend sagte: ‚Dunnerlittchen!' Die Miene des Bürgermeisters hellte sich auf, er legte seine Hand freundschaftlich auf die Schulter des jungen Kerls, als wäre er schon immer sein bester Freund gewesen und forderte alle auf, Krachmachinstrumente zu holen. Innerhalb kürzester Zeit kam der Wirt mit dem Deckel des Brau-Topfes (der Schmied sollte mit seinem Hammer dagegen schlagen), andere kamen mit einer Schweinsblase, der Kuhhirte mit seinem Horn (‚Ick kann auk schreckliche Töne blasen' ‚Dann hast du uns die schönen bisher verheimlicht!', stichelte der empfindsame Schneider). So zogen die neu bewaffneten Krieger los. In der Dämmerung kamen sie kurz vor Dortmund zu dem Hof, in dem sich die Söldner aufhielten und lustig feierten. Met war schon reichlich geflossen, und ein Ochse hatte sein Leben lassen müssen und wurde gerade gebraten. Die Bochumer versteckten sich rund um den Hof, dann gellte ein Pfiff durch die Dämmerung. Das war das vereinbarte Zeichen. Innerhalb von Sekunden erschallten schrille Pfiffe, Donnergrollen vom Brau-Topfdeckel, durchdringendes Quäken der Schweinsblasen, merkwürdig klagende Töne aus dem Horn des Kuhhirten, lautes Pochen vom Schlagen gegen Bäume. Von dem Lärm erschrocken kläffte der Hofhund wie toll, die noch lebenden Kühe versuchten, laut muhend zu fliehen, eine aufgescheuchte Wildschweinrotte raste am Hof entlang, es war infernalisch.

Die Söldner glaubten tatsächlich, der Teufel wäre hinter ihnen her, und flohen. Die Bochumer schlugen sich auf die

Schenkel vor Lachen, nahmen unseren Vorfahren auf die Schultern und trugen ihn wie einen römischen Kaiser im Triumphzug in das Bauernhaus. ‚Das Essen ist fertig!', rief gutgelaunt der Bürgermeister angesichts des gebratenen Ochsen und schnitt jedem ein schönes Stück Fleisch ab. Jetzt feierten die Bochumer das Fest der Dortmunder Söldner zu Ende. Nach Hause konnten sie in der Dunkelheit sowieso nicht mehr. Am nächsten Tag zogen sie als Sieger nach Bochum zurück. Graf Engelbert sagte ihnen als Lohn zu, dass sich die Bochumer jedes Jahr eine Eiche aus dem Wald von Harpen holen dürfen. Der Erlös des Verkaufs ist für ein schönes Fest bestimmt. So ist das bis auf den heutigen Tag."

"Das Maiabendfest", ergänzte Mathes.

"Mir kommt die Geschichte ja ziemlich verwandt mit dem Märchen von den Bremer Stadtmusikanten vor", sinnierte Mama.

"Tja", meinte Uropa, "erstens hat die Geschichte von Stiepel etwas mit der Geschichte von Bremen zu tun – vielleicht gab es da noch Verbindungen- und zweitens kennst du ja das Geschick der Bochumer: Wir haben die guten Ideen, für ihre Zwecke ausnutzen tun es andere." Jetzt seufzten Uropa und Papa gleichzeitig tief auf.

Auf dem Nachhauseweg hörte Mathes Papa vor sich hinmurmeln: "Die 'Bochumer Stadtmusikanten' wäre auch nicht schlecht gewesen!"

Urururururururururururururururururururur-
ururururopa
geb. 1346 / geb. 1371

Am nächsten Sonntag kam Uropa wieder zu Besuch. Das
Wetter war schön, und die paar hundert Meter könne er ja
wohl noch laufen, sagte er, als Papa ihm anbot, ihn mit dem
Auto abzuholen. Er hatte für Mama sogar ein kleines
Sträußchen Rosen mitgebracht, und Mama freute sich. Uropa
freute sich auch, das ganze Haus roch nämlich nach frischen
Waffeln.
Uropa langte – wie immer – tüchtig zu. Dann begutachtete er,
was Papa bisher an Geschichten ausgedruckt hatte, überflog
mal diese Seite, las mal da ein kleines Stückchen und
murmelte immer wieder:
"Ja, so war's, genauso war's!"
Endlich setzte er sich in den Sessel, räusperte sich und
begann:
"Der nächste Vorfahre wurde 1346 geboren, er war genauso
in Zahlen verliebt wie du, Mathes", erzählte Uropa, "Lesen
und Schreiben konnte er – wie die meisten Menschen damals –
nicht, aber Rechnen!
Zweimal im Jahr kam ein Händler nach Stiepel, er verkaufte
Nadeln, Scheren, Klingen und Messer, aber auch Salz,
Wachskerzen und manchmal auch ein Pülverchen gegen
irgendwelche Wehwehchen. Einmal hatte er sogar Bernstein
aus dem Norden mitgebracht.

Die Stiepeler hatten unseren Vorfahren, so jung er auch noch war, gerne bei ihren Geschäften dabei. Denn dann bekamen sie merkwürdigerweise mehr für ihre paar sauer verdienten Taler, und der Händler konnte auf einmal alles genau ausrechnen und verrechnete sich gar nicht mehr so oft wie früher. Das war nämlich immer zu seinen Gunsten ausgegangen. Fairerweise muss man sagen, dass der Händler das schlaue Kerlchen mochte und als gleichwertigen Gesprächspartner achtete. Mehrmals kamen sie über geschickte Rechenwege und die noch relativ neuen arabischen Zahlen und deren Vorteile ins Gespräch.

Einmal erzählte unser Jüngelchen ihm, dass er glaube, dass es normale und **schöne** Zahlen gäbe. Der Händler verstand erst nicht, was er meinte. Der Junge erklärte ihm, dass die **7** und die **12** schöne Zahlen seien. Auch jetzt wusste der Händler nicht richtig weiter.

'Meinst du, weil es 12 Apostel und 12 Stämme Israels gibt?', fragte er.

'Ja und nein',antwortete unser Vorfahren-Mathe-As, 'bedenke: Beide Zahlen sind aus der **3** und der **4** zusammengesetzt. **3 + 4 = 7 ; 3 · 4 = 12**', rechnete er vor, '**die 3** ist eine heilige Zahl – denke an die Dreifaltigkeit Gottes, 3 Tage lag Jesus tot im Grab, bevor er auferstand – **die 4** ist die Zahl der Welt – denke an die 4 Ecken eines Hauses, die 4 Beine eines Hundes. Wenn man mit den beiden Zahlen rechnet, ergibt es entweder eine **7** oder eine **12**.' Der Händler staunte. Das hatte er von einem Bauernkind nicht erwartet.

Er schenkte ihm eine besonders schöne Kerze, er solle sie in Zeiten großer Not und Gefahr in der Dorfkirche anzünden. Der Händler zog weiter, behielt aber die Zahlengeschichten im Kopf. Einige Wochen später kam er nach Köln, hier in der Stadt der vielen Kirchen wurde er immer gut Kerzen los. Er verhandelte mit dem Domvikar des Erzbischofs, der ihm bei der anstrengenden Feilscherei um eine große Lieferung nebenbei erzählte, dass der Erzbischof vielleicht bald kurfürstlicher Erzbischof würde, also den König wählen könne. Es gäbe allerdings noch Probleme bei der Anzahl der Kurfürsten.

'**7**', platzte der Händler heraus. Die Augenbrauen des Domvikars zogen sich nach oben. '**7**', sagte der Händler noch einmal in einem sehr bestimmten Ton, 'es müssen **7** sein.' 'Wie kommst du darauf?', fragte der Domvikar erstaunt. Der Händler rechnete ihm die Kombinationen aus der heiligen und der weltlichen Zahl vor.

'Die 12 fällt aus. Jesus hatte 12 Apostel, also kann der König nicht gleich viele Wahlleute haben, Jesus ist der Herr. Es bleibt die **7**, sie ist kleiner als die 12, aber aus den Elementen, denen der König verpflichtet ist, zusammengesetzt.'

'Außerdem gibt es keine Stimmengleichheit, es ergibt sich immer eine Mehrheit', überlegte der Domvikar weiter, 'es soll nämlich zum ersten Mal nach dem Mehrheitswahlrecht gewählt werden! Ich werde es sofort dem Erzbischof berichten, er soll dem **Kaiser Karl IV.** einen Boten schicken mit dieser Erkenntnis!' und weil der Domvikar jetzt erstens in großer Eile und zweitens völlig aus dem Häuschen war, erzielte der Händler einen derartig guten Preis für seine Kerzenlieferung, dazu auch noch das Recht, für weitere Lieferungen zuständig zu sein, dass er ein gemachter Mann war."

"Ich hab's geahnt!", stöhnte Papa, "der eine bekommt 'ne pisselige Kerze, der andere kommt zu Wohlstand und Reichtum." Mama gluckste vor Lachen.

"Und was ist mit der Kerze passiert?", fragte Mathes unbeirrt. Er war ziemlich stolz darauf, dass schon einer seiner Vorfahren gut in Mathe war.

"Die Kerze ist wirklich in großer Not zum Einsatz gekommen. Viele Jahre später, 1371, – das Reichsgesetz von 1356, genannt **Goldene Bulle,** war schon verabschiedet und 7 Kurfürsten eingesetzt worden, war die Frau unseres Vorfahren in Hoffnung, und das Baby sollte geboren werden. Doch es war eine schwierige Geburt, die Wehen dauerten endlos, bei der Geburt verlor die Mutter wer weiß wie viel Blut, und das Baby war ein mickriges Wesen. Die Kräuterfrau, die als Hebamme fungiert hatte, hielt das armselige Kindchen in ihren Armen, die Mutter lag im Sterben. In höchster Panik und Eile kramte der unglückliche Vater die gut verwahrte Kerze hervor, raste zur Dorfkirche, entzündete sie, sprach ein 'Vater unser' und ein 'Gegrüßet seist du, Maria' und rannte nach Hause zurück. Auf dem Weg hielt ihm die alte Kathrein ein geschlachtetes Huhn hin:

'Koch es und gib deinem Marieken die Suppe zu trinken', lispelte sie mit ihrem zahnlosen Mund. Inzwischen hatten die Nachbarn erfahren, dass es dem Marieken und ihrem Baby so schlecht ginge. Mit dem Vater, der das tote Huhn in der Hand hielt, betrat gleichzeitig eine junge Nachbarin das Haus. Sie bot an, für ein oder zwei Tage das Kind mit Milch zu versorgen, ihr Baby wäre schon mehrere Monate alt und kräftig. Da würde das schon gehen. Unser Vorfahre war sehr dankbar für die unerwarteten Hilfen. Er kochte das Huhn, gab seiner jungen Frau die Suppe, und sie erholte sich allmählich. Das Baby überlebte ebenfalls die kritischen ersten Tage durch die Hilfe der Nachbarin. Unserem Vorfahren kam es vor wie ein Wunder. Das Kind war übrigens unser pfiffiger Vorfahre, von dem ich euch schon am letzten Sonntag erzählt habe."

"Dann war die Kerze doch nicht sooo schlecht", sinnierte Mathes.

Urururururururururururururururururururur-urururururuuropa
geb. 1321

"Und Waffeln zum Sonntagskaffee sind auch nicht schlecht", grinste Uropa und aß noch zwei weitere Waffeln.

"Ich mag Waffeln so gerne, aber es lohnt sich nicht, für mich alleine eine so kleine Menge Teig anzurühren und zu backen!", jammerte er.

"Och", meinte Mathes, "bei deinem Bedarf könnte man auch eine große Menge Teig anrühren." Uropa brummelte etwas von: "Die Jugend soll das Alter ehren!", traute sich aber im Moment nicht, die dritte Waffel zu nehmen. Er starrte sie aber so sehnsüchtig an, dass Mama sich erbarmte und sie ihm auf den Teller schob.

"Ich kann Gedanken lesen!", sagte sie dabei. Glücklich lächelte Uropa seine Schwiegerenkeltochter an und verspeiste genüsslich die Waffel. Dann erzählte er weiter.

"Unser nächster Vorfahre war ein heiß ersehntes Kind. Seine Eltern waren schon mehrere Jahre verheiratet, aber es war noch kein Baby geboren. Die beiden waren sehr unglücklich; sie wollten gerne einen Erben haben, sie brauchten Mithilfe auf dem Hof und jemanden, der sie im Alter versorgte. Es gab ja noch keine Rentenversicherung, Altenheime, Witwenrenten usw. Vor allem auf dem Dorf mussten diese Probleme innerhalb der Familien geregelt werden.

Im Herbst 1320 trug es sich zu, dass die junge Frau auf der anderen Seite der Ruhr nach Buchholz hin am Waldrand nach Pilzen suchte. Plötzlich stand eine alte Holzsammlerin vor ihr und sprach sie an:

‚Dein Wunsch wird erfüllt werden, ehe ein Jahr vergeht, wirst du einen Sohn zur Welt bringen.'

Um Weihnachten herum war sich Adelheid sicher, dass sie schwanger war und erzählte es ihrem Mann. Der war außer sich vor Freude, und beide hofften, dass alles gut ginge. Sie hatten Glück, und Anfang Juni kam ein kleiner Junge zur Welt. Am Tag nach Pfingsten sollte das Kind getauft werden. Was in Stiepel niemand so richtig beachtet hatte, war, dass dieser Tag auch für Bochum sehr wichtig sein würde. Die Ratsherren waren nämlich auf die Burg Blankenstein zu **Graf Engelbert II.** bestellt worden. Lange hatten sie darauf gedrungen, die Stadtrechte zu bekommen, heute sollte der große Tag sein. Sie hatten die besten Kleidungsstücke angezogen und begaben sich in aller Herrgottsfrühe auf den Weg zur Burg. Hier wurden sie vom Grafen mit allem Prunk empfangen, und die Ratsherren kamen sich klein und unbedeutend vor. Doch die so wichtige Urkunde war ausgestellt und enthielt bedeutende Bestätigungen der Kompetenzen für die Bürger der Stadt. Die Urkunde wurde gesiegelt und den Bürgern übergeben.

Diese Urkunde gibt es übrigens noch heute, sie war lange Zeit verschwunden, wurde aber 1860 in den Privatakten des **Bürgermeisters Jacobi** wieder gefunden.

Die Ratsherren ritten zurück nach Hause, machten aber Station in Stiepel, ihre Pferde hatten Durst und sie selbst auch.

Dabei gerieten sie in die Tauffeier unseres kleinen Wunschkindes. Der glückliche Vater hatte ein kleines Schweinchen geschlachtet, und selbstgebrautes Bier gab's auch. Die Ratsherren wurden eingeladen und ließen sich nicht lange bitten. Da sie aber kein Taufgeschenk hatten, sprachen sie gute Wünsche aus. Der erste wünschte *Tugend*, der andere *Schönheit*, der dritte *Reichtum*, und so ging es weiter mit allem, was auf der Welt zu wünschen ist. Bevor der letzte seinen Wunsch äußern konnte, trat auf einmal die Holzsammlerin aus dem Buchholzschen hinzu, offensichtlich beleidigt, weil sie nicht eingeladen worden war. Ohne jemanden zu grüßen oder nur anzusehen, rief sie mit krächzender Stimme:

‚Im Schweiße deines Angesichts sollst du dein Brot verdienen!' Und ohne ein weiteres Wort zu sprechen, kehrte sie sich um und verließ den Hof. Alle waren furchtbar erschrocken, da trat der letzte Ratsherr hervor, ein freundlicher, besonnener und humorvoller Mann. Ihn konnte so schnell nichts aus der Fassung bringen, er hatte noch einen Wunsch übrig. Und weil er den Spruch nicht aufheben, sondern nur verändern konnte, rief er: ‚Aber es soll dir immer schmecken!'

Mit diesen Worten griff Uropa nach der nächsten Waffel, was Papa veranlasste zu sagen, dass der Wunsch des Ratsherrn vor allen Dingen für einen gewissen Nachfahren 600 Jahre später gelten würde. Mama schmunzelte auch und meinte dann vorsichtig:

"Sag mal, Opa, hast du da nicht ein bisschen die Geschichte der Stadt Bochum mit dem Märchen **Dornröschen** von den Gebrüdern Grimm vermischt?"

"Ach, weißt du", erklärte Uropa mit dem scheinheiligsten Gesicht der Welt, "Die Märchen sind ja viel eher entstanden als sie von den Gebrüdern Grimm aufgeschrieben wurden. Jedes Mal beim Erzählen wurden sie ein wenig verändert, der Ursprung lag aber hier bei uns!" Sprach's und ließ sich die letzte Waffel schmecken.

"Jetzt hat die arme Seele Ruh'", brummte Papa, der selber gerne die letzte Waffel gegessen hätte, aber mit Rücksicht auf sein Gewicht schweren Herzens verzichtet hatte.

Urururururururururururururururururururur-urururururururopa

geb. 1296

"Von diesem Vorfahren habe ich ja eigentlich schon eine Menge erzählt. In seinem Leben regierten 5 Könige und Kaiser, manchmal regierte auch niemand.

1297 dankte – oder besser gesagt: wurde zur Abdankung gezwungen – **Adolf von Nassau** ab. Er hatte Wahlversprechen gegeben, die er weder einhalten wollte noch konnte."

"Och", sagte Papa, "das kommt mir aber bekannt vor!"

"Außerdem gab es noch mehr Schwierigkeiten, die ich jetzt nicht alle aufzählen will, auf jeden Fall wurde er vom Reichstag abgewählt und **Albrecht I.** zum neuen König bestimmt.

4 Wochen später kam es zwischen den Truppen des alten und des neuen Königs zu einer Schlacht. Der alte König starb, vielleicht getötet vom neuen König.

Dieser wurde wiederum im Jahr 1308 von seinem Neffen erschlagen. Tja, die lieben Verwandten!

Der nächste Kandidat kam aus Luxemburg. Der wollte unbedingt Kaiser werden. Er reiste nach Italien, um in Rom gekrönt zu werden, leider war Rom gerade von Truppen aus Neapel besetzt. Man musste also erst mal die Stadt erobern. Das gelang nicht so ganz, außerdem hielt sich der Papst in Avignon auf. Also: Pleiten, Pech und Pannen. Drei Kardinäle krönten **Heinrich VII.** zum Kaiser. Leider hatte er sich auf dieser Reise von einer Malaria-Mücke stechen lassen, er starb 1313.

Sein Nachfolger? Es waren gleich zwei! Die Kurfürsten wählten an einem Tag den einen, am nächsten Tag einen anderen! Von 1314 bis 1322 zogen sich die Streitigkeiten hin. Der Sieger, **Ludwig IV.**, regierte bis 1347. Er starb auch keines natürlichen Todes: Auf einer Bärenjagd hatte er einen schweren Unfall, den er nicht überlebte. Leider kam Gevatter Tod ein Jahr später auch zu unserem Vorfahren.

Wie es den Leuten in unserer Gegend in diesen unruhigen Zeiten erging? In solchen Zeiten versuchen alle, ihr eigenes Süppchen zu kochen. Seit 1298 ist bekannt, dass die Bochumer beim Grafen auf Blankenstein prockelten, 'Stadt' zu werden. Von diesen Anfängen gibt es eine Urkunde, es ist die älteste, die es von Bochum gibt. In dem Dorf, das so gerne eine Stadt sein wollte, gab es aber tatsächlich nur einen Fleischer, einen Hutmacher, einen Krämer, einen gräflichen Herold und natürlich ein Wirtshaus. Die restlichen Einwohner waren kleinere und größere Bauern. Es gab aber schon einen Markt. Auf diesem Markt verkauften die Bauern der Umgebung ihr Obst und Gemüse, auf dem Viehmarkt ihre Hühner, Gänse, Enten, Schweine und ab und zu eine Kuh oder ein Pferd. Händler von Auswärts brachten neben neuen Nachrichten (welcher König regiert uns gerade?) auch neue Erfindungen mit.

Und so kam es, dass unsere Familie die Besitzer des 1.Spinnrades in der Umgebung wurden!

Ein Händler, der immer gedrechselte Teile zum Kauf anbot, hatte diesmal etwas Besonderes!

Er pries das Spinnrad mit lauten Worten an:
'Die Spinnwirtel haben ausgedient! Das Spinnrad ist kinderleicht zu bedienen! Mit diesem Gerät arbeiten alle dreimal schneller! Das Garn ist von hervorragender Qualität! Die Fäden sind gleichmäßig und ohne störende Verdickungen! Der Stoff wird feiner, der Tragekomfort ist höher, und ihr erzielt höhere Preise beim Verkauf!'"
"So haben die früher schon geworben?", fragte Mathes ungläubig.
"Gutes Marketing war damals schon gefragt", erklärte Uropa, "aber die Zielgruppe war schwer zu überzeugen. 'Mit einem Spinnwirtel kannst du überall spinnen', sagte der eine, 'Neumodischer Kram', der andere. Dem dritten war das Gerät zu teuer, der vierte meinte, dass ein Bauer keine glatten Stoffe benötigt.
Keiner wollte ein Spinnrad kaufen. Nur unser Vorfahre interessierte sich sehr dafür, ein kleiner Kötter wie er musste immer nach Verdienstmöglichkeiten Ausschau halten. Aber noch behielt er sein Interesse für sich. Erst am Nachmittag ging unser Vorfahre noch einmal an dem Stand vorbei, an dem der enttäuschte und saure Händler anfing, seine Sachen einzupacken. Diese Bochumer waren aber auch zu rückständig!
,Haste wat verkauft?", fragte unser Vorfahre vorsichtig. Da hatte er aber was gesagt! Sofort entlud sich eine Schimpfkanonade über ihn, wie altmodisch die Bochumer seien, überhaupt nicht auf der Höhe der Zeit, dieses wundervolle Gerät hier zu zeigen, wäre Perlen vor die Säue

werfen, außerdem seien die Bochumer westfälische Sturköpfe.

'Ich bin nicht aus Bochum, ich bin aus Stiepel', sagte unser Vorfahre ruhig. Einen Moment hielt der aufgebrachte Händler die Luft an, dann schrie er:

'Die sind ja noch schlimmer!'

'Tja', gab ihm unser Vorfahre recht, 'dat stimmt wohl. Aber rechnen könnense und geschickt sindse auch! Zeig mir, wie es geht!' Er ließ sich die Handhabung erklären, dann überzeugte er sich von der Qualität der Garne. Er probierte das Spinnen am Rad selbst aus, und nach einigen missglückten Versuchen entstand ein brauchbarer Faden.

'Ich biete dir 2 Ferkel, eins bringe ich dir morgen, das andere gebe ich dir beim nächsten Krammarkt.'

Der Händler lehnte ab: '4 Ferkel! Da drunter kriegst du kein Spinnrad! Außerdem : Bezahlung sofort!'

Unser Vorfahre erhöhte sein Angebot: '2 Ferkel, 6 Eier, 1 Huhn.'

So ging es eine Weile hin und her. Zum Schluss bekam unser Vorfahre das 1.Spinnrad im Ruhrtal für 3 Ferkel, zahlbar in drei Raten. Stolz ging er mit seinem Spinnrad nach Hause. Zuerst waren alle auf dem Hof sehr ärgerlich:

'Geld zum Fenster rausgeworfen!'"

"Ferkel", lachte Mathes.

"Na gut! 'Ferkel zum Fenster rausgeworfen!' Doch Adelheid erwies sich innerhalb kürzester Zeit als Meisterin ihres Faches. Sie spann die feinsten, gleichmäßigsten und dabei haltbarsten Fäden, die Leute rissen sich um ihre Garne und ihre Stoffe.

Urururururururururururururururur-urururururururururopa
geb. 1271

Uropa holte tief Luft: "Sein Vater hat etwas Furchtbares erlebt, Zeit seines Lebens haben ihn die schrecklichen Ereignisse in seinen Träumen verfolgt. Erst erschien es so, als habe er das große Los seines Lebens gezogen, als er Pferdeknecht bei einem reichen Händler von Köln wurde. Köln!
Die Stadt, von der wiederum sein Vater immer geschwärmt hatte!
Bei der Vermittlung dieser Stelle wird auch Vitamin B eine Rolle gespielt haben, aber der Junge muss tüchtig gewesen sein, sonst hätte er die Stelle ja nicht behalten. Sein Herr hieß Overstolz, **Gerhard Overstolz**. Er war das Familienoberhaupt einer steinreichen Großkaufmannsfamilie, sie gehörten zu den 'Patriziern'. Unser Vorfahre hatte für das persönliche Reitpferd von Overstolz zu sorgen. Zu dieser Zeit ballten sich über Köln und den Grafschaften **Mark** und **Berg** dunkle Wolken zusammen, aber der kleine Pferdeknecht wird davon nur wenig oder nichts mitbekommen haben. Er war ja nur ein Knecht, dazu noch jung und außerdem vom Land! Immer wieder gab es kleinere Scharmützel zwischen dem Erzbischof von Köln, **Siegfried von Westerburg**, und dem **Herzog Johann I. von Brabant**, dem **Grafen von Berg** und dem **von der Mark**. Es ging um das **Herzogtum Limburg**, aber auch darum, den **Erzbischof von Köln** kalt zustellen. Er wurde

nämlich den Grafen von der Mark zu machtgierig, das konnte so ein Graf natürlich nicht gut haben. Wer den Erzbischof von Köln ebenfalls nicht leiden konnte, waren die Bürger von Köln. Sie wollten selber in der Stadt zu sagen haben, also verbündeten sie sich mit den Grafen von der Mark und von Berg, die auf der Seite vom Herzog von Brabant kämpften. Endlich wollten sie die Herrschaft des Erzbischofs für immer abschütteln.

Am 26.5.1288 gab es Verhandlungen zwischen den Verbündeten – Overstolz war dabei.

Man einigte sich auf ein 1. Ziel:

Die Zerstörung der erzbischöflichen **Burg Worringen**.

Das würde den verhassten Erzbischof ziemlich verdrießen. Vorbereitungen wurden getroffen, auch Herr Overstolz rüstete sich für den erwarteten Kampf. Er besaß eine gute Rüstung, gute Waffen, sein Pferd war ebenfalls geschützt. Unser Vorfahre musste als Pferdeknecht natürlich mit, und drei Tage später befand ersich vor Worringen und sollte mithelfen, die Burg zu belagern. Gut, dass er mit dem wertvollen Pferd genug zu tun hatte.

Am 5.6.1288 kam es zur entscheidenden Schlacht. Die Streithähne bezogen ihre Stellungen, und der Kampf begann. Die 1.Runde ging an den Erzbischof. Doch am Nachmittag griffen die Ritter der Grafen von Berg und von der Mark noch einmal an, mit dabei die bergischen Bauern und die Kölner Patrizier. Angestachelt und angefeuert von Gerhard Overstolz kämpfte das Fußvolk so heftig, dass sie zu einer Gefahr für Freund und Feind wurden, sie schlugen auf alles ein, weil sie wahrscheinlich die Wappen nicht auseinander halten konnten. Um sich an die Spitze des Fußvolkes zu stellen – vielleicht um den unübersichtlichen Kampf zu koordinieren – stieg Overstolz von seinem Pferd und übergab es unserem Vorfahren. Er selbst stürzte sich wieder ins Kampfgetümmel.

Da passierte es: Overstolz brach vor Erschöpfung tot zusammen. Unser Vorfahre versuchte, die Leiche zu bergen, aber es war ein schwieriges Unternehmen. Das Schlachtfeld war ein einziges Blutbad, 1100 Kämpfer starben in Worringen, 700 sollen später an ihren Verletzungen gestorben sein.

Ob er die Leiche bergen konnte? Ich weiß es nicht.

Das Pferd brachte er nach Köln zurück. Lange Zeit war er unfähig zu arbeiten, immer wieder stiegen die schrecklichen Bilder der furchtbaren Schlacht und des Todes seines Herrn in ihm auf.

Mit einem guten Lohn für seine treuen Dienste entließ man ihn, und er ging nach Stiepel zurück. Sein ganzes Leben lang wurde er von Albträumen gequält, immer wieder verfiel er in Schwermut."

"Heute würde man einen so schwer traumatisierten Jugendlichen in psychologische Behandlung geben", überlegte Mama voller Mitleid für den armen Kerl.

"Ja, da hast du vollkommen Recht, aber so etwas gab es damals noch nicht. So hatte er an den Folgen eines Kampfes, dessen Hintergrund er sicherlich nicht verstanden hat, zu leiden."

Uropa blickte seine Verwandtschaft an: "Und wir haben mit diesem Kampf auch noch etwas zu tun: 2 Monate später nutzte **Graf Adolf von Berg** als Sieger die Gelegenheit und

verlieh **Düsseldorf** die Stadtrechte. Und heutzutage
erdreistet sich Düsseldorf, Landeshauptstadt zu sein, obwohl
unsere Dorfkirche viel älter ist."
"Sei doch froh, dass die Landeshauptstadt nicht hier ist!",
warf Papa ein, "willst du vielleicht die Kö hier haben? Hier ist
es doch viel schöner als auf der Kö! Hier ist es doch so
gemütlich!"
"Stimmt!", gab Uropa zu, "noch mal Glück gehabt!"

Ururururururururururururururururururur-
ururururururururopa
geb. 1246

"Bevor es Abendessen gibt, hätte ich aber gerne eine etwas
friedvollere Geschichte!", verlangte Mama.
"O. k. , das trifft sich gut, dein Wunsch passt zu den
Erlebnissen unseres Ururururururururururururur-
ururururururururururururururgroßvaters. Er wurde 1246
geboren, und ich erwähnte ja schon, dass in seinem Leben die
Stadt Köln ebenfalls eine Rolle spielte. Als er noch ein
Kleinkind war, 1248, begannen die Kölner, ihren Dom zu bauen.
Die Reliquien der hl. Dreikönige sollte er beherbergen,
riesengroß sollte er sein, die Dombauten aller anderen Städte
übertreffen. Immer wieder erzählten vorbeiziehende
Händler von dem genialen Plan und dem gigantischen
Vorhaben. Vorstellen konnte sich das in Stiepel keiner so
richtig. Gut, etwas größer als die Dorfkirche konnten Kirchen
ja sein, aber so gewaltig, wie die Händler berichteten......

Unser Vorfahre war fasziniert von den Berichten und hing förmlich an den Lippen der Erzählenden. Vor allen Dingen ein Händler, ein Kölner, konnte den zukünftigen Dom in den glühendsten Farben beschreiben.
'Glaub nicht alles, was der erzählt', warnte sein Vater, 'Kölner prahlen und übertreiben gerne!'"
"Waaaas?", entfuhr es Papa, "War das damals schon so?"
"Ja", bestätigte Uropa, "das liegt an den Genen!", und lachte.
"Als unser Vorfahre 16 Jahre alt war, durfte er mit nach Köln. Natürlich war das kein Ausflug mit Dombesichtigung und Fahrt mit einem Vergnügungsschiff auf dem Rhein. Es kam so: Der besagte Kölner Händler schleppte sich eines Tages auf den großen Hof bei der Kirche, er konnte kaum noch laufen, solche Kreuzschmerzen hatte er."
"Hexenschuss oder Bandscheibenvorfall", vermutete die sachkundige Mama.
"Er brauchte jemanden, der die Waren zum Verkauf aus- und nachher wieder einpackte, dabei ehrlich und gewissenhaft und dazu abkömmlich war. Unser Vorfahre wurde ausgewählt, er war überglücklich. Er würde die Anfänge des Dombaus sehen, vielleicht auch die Reliquien! Seine Mutter, eine überaus ängstliche Frau, wollte die Fahrt vereiteln, der Händler aber versprach, gut auf den Jungen aufzupassen. Der Lohn wäre auch nicht schlecht, er würde sich nicht lumpen lassen. Der Junge dürfe sich in Köln etwas aussuchen, und bei der nächsten Tour im Frühjahr wäre er wieder in Stiepel. Sein Sohn, der das Geschäft jetzt übernehmen solle, würde ihn – so Gott will – wohlbehalten hier wieder abliefern.

Sie brachen auf. Nach ein paar Wochen waren sie in Köln.
Sobald es ging, flitzte unser Vorfahre zu der Baustelle.
Staunend stand er vor den bereits fertigen Kapellen, die wie
ein Kranz den Chorraum umgeben würden. Er bewunderte die
schlanken Pfeiler, die bis in den Himmel ragten. Immer
wieder ging er während seines Aufenthalts in Köln zur
Dombaustelle. Er bewunderte die Technik, wie mit Hilfe von
Rollen und Seilen die riesigen, schweren Steine hochgezogen
wurden, Er bewunderte die Steinmetze bei ihrer Arbeit, und
er bewunderte eine neue Transportmöglichkeit:
Die Schubkarre!
Zum ersten Mal in seinem Leben sah er so ein Ding, es
erleichterte sehr die Arbeit der Lastenträger. Der Händler
erzählte ihm, dass die Lastenträger gar nicht glücklich über
diese neue Erfindung waren, viele von ihnen hatten ihre
Arbeit verloren. So war es damals schon, Fortschritt hat
seinen Preis. Unser Vorfahre wusste aber, wer trotz
Schubkarre immer genug zu arbeiten hatte:
Ein kleiner Kötter auf einem kleinen Hof in Stiepel!
So eine Schubkarre würde er beim Stellmacher von seinem
Lohn kaufen!
Zuerst machte man sich in der Familie des Händlers über die
Idee des Landeies ein bisschen lustig, eine Schubkarre
gehörte auf den Bau, nicht auf einen Bauernhof! Da konnte
man doch weiterhin zu zweit alles auf einer Trage
transportieren!
Aber unser Vorfahre ließ sich nicht von den schlauen
Städtern beirren, und allmählich verstand der alte Händler,
dass so eine Schubkarre tatsächlich auf dem Hof die Arbeit

erleichtern könnte. Er ging mit dem Stiepeler Jungen zu dem Stellmacher, der ihm immer seinen Händlerwagen wartete und reparierte. Mit ihm besprach er die Angelegenheit und handelte einen guten Preis aus.

Bevor die nächste Handelstour – diesmal vom Sohn des Händlers geführt – durch das Stadttor von Köln zog, rannte der Junge noch einmal zum Dom.

Würde er ihn noch einmal wiedersehen?

Würde das gewaltige Bauwerk dann fertig sein?

Kurz nach Ostern kam der Junge wieder in Stiepel an, mit seiner Schubkarre! Sie wurde sehr bestaunt und ihre Einsatzmöglichkeiten sehr gelobt. Um etwas aus dem Garten zu holen, um Körbe mit Obst zu transportieren, um Mist wegzufahren, um ein Sack Korn zur Mühle zu bringen, war nur noch eine Person nötig! Sogar Frauen gelang das mit Hilfe der Schubkarre! Sie war sehr, sehr lange im Einsatz und wurde mehrfach nachgebaut.

Jedes Mal, wenn unser Vorfahre die Schubkarre benutzte, dachte er an den Dom.

Sein Wunsch, ihn nochmals wiederzusehen, ging nicht in Erfüllung. Er ahnte auch nicht, dass erst sein Ururururururururururururururururururururururenkel 1880 die Fertigstellung des Domes erleben würde."

"Na, ja, aber wenigstens hatte er Erfolg mit seiner Schubkarre", war Mathes zufrieden.

"Hoffentlich habe ich auch gleich Erfolg mit.....", begann Mama, sofort unterbrochen von Uropa:

"Was gibt es denn?"

"Lass dich überraschen!", lachte Mama. Das tat Uropa auch.

Urururururururururururururururururururur-urururururururururopa

geb.1221

Beim Essen erzählte er von dem nächsten Vorfahren, der beeindruckende Geschichten hörte, die das ganze Dorf in Verwunderung versetzte.

Er hatte mitgeholfen, Abgaben zum **Stift nach Essen** zu bringen, da hatte sie ihm ein alter Mann erzählt, der auf die Stiftsdamen schimpfte. In Italien, so berichtete er, gäbe es einen Mann, der seinem reichen Vater das ganze Vermögen vor die Füße geworfen hätte, um so zu leben wie Jesus! Demütig und bescheiden! Inzwischen hätten sich schon einige Männer und Frauen der neuen Lehre angeschlossen, sogar nördlich der Alpen würden sich Anhänger des **Franziskus** finden. Auch eine **Gräfin Elisabeth aus Thüringen** sollte sich – entgegen jeder Standesregel – mit Kranken und armseligen Pack abgegeben haben, um so wie Jesus den Nächsten zu lieben. Nicht so, wie die eitlen Stiftsdamen!

Unser Vorfahre konnte sich gar nicht vorstellen, dass es adelige und reiche Leute gab, die sich nicht hochnäsig von den einfachen Leuten abwandten."

Auf der Fahrt nach Hause verriet Uropa schon mal, dass die nächsten Vorfahren wieder mit Köln zu tun haben würden. Mehr war aber nicht aus ihm herauszukriegen.

Urururururururururururururururururururur-
urururururururururururopa
geb.1196

Am nächsten Wochenende war wieder 'Treffen bei Uropa'.
Uropa strahlte sie an der Haustür schon an:
"Heute gibt es – passend zu der 1. Geschichte – etwas zu
essen: 'Arme Ritter'!"
Stolz präsentierte er seine 'Armen Ritter', manche waren
etwas verkokelt, aber das konnte man ja abschneiden.
Dick mit Zimt und Zucker bestreut schmeckten sie sehr
lecker, dazu gab es Apfelkompott von Äpfeln aus dem eigenen
Garten. Alle lobten sehr, und Uropa strahlte noch mehr.
Gänzlich perfekt war die Einleitung zu der heutigen
Geschichte, als er auch noch einen Gedichtband von der
berühmten **Dichterin Annette von Droste-Hülshoff**
präsentierte.
"Heute geht es um den Vorfahren, der 1196 auf die Welt
kam. Er musste Schicksale mit ansehen, die man seinem
ärgsten Feind nicht wünscht."
"O je, kommt schon wieder so eine gruselige Geschichte mit
Mord und Totschlag?", fragte Mathes.
"Noch schlimmer", kündete Uropa an.
"Hoffentlich verkraftet mein Laptop diese vielen
blutrünstigen Berichte!", befürchtete Papa.
"Was hat denn die Annette von Droste-Hülshoff mit der
Geschichte von Bochum und Stiepel zu tun?", fragte Mama
leicht irritiert.

"Sie hat eine Ballade geschrieben, die von den Ereignissen handelt, in die unser Vorfahre hineingezogen worden ist. Es geht um die **Burg Isenberg** und den **Grafen Friedrich von Isenberg**. Die Burg wurde nach nur 6-jähriger Bauzeit etwa um 1200 fertig; eine große Festungsanlage, bestehend aus Unter- und Oberburg, mit einem mächtigen Bergfried, einer Kemenate, Küche, Schmiede und Eisenverhüttungsöfen. Das Ganze war 120m lang. Die Burg lag strategisch günstig: Zwischen Köln und Soest am kleinen Hellweg, an einer Furt an der Ruhr."

"6 Jahre Bauzeit nur?", wunderte sich Papa, "alle Achtung!"

"Leider war sie noch schneller zerstört als gebaut, aber der Reihe nach!

Unser Vorfahre ging als Küchenjunge so um 1210 auf die Burg. Ein Esser weniger zuhause, und auf einer Burg lebte man relativ sicher. Weil er sich nicht ungeschickt anstellte und auch bei großen Festen die Ruhe behielt, wurde er bald die rechte Hand vom Koch. Dann kam das Schicksalsjahr 1225. Unser Vorfahre war inzwischen der Chefkoch, hatte eine Frau und einen kleinen Sohn. Zum Glück war die Küche der Gräfin unterstellt.

Der Graf Friedrich von Isenberg war Rechtsvertreter des **Damenstiftes in Essen**, dem auch 2 Höfe in Stiepel abgabepflichtig waren, wie ich ja schon erzählte. In diesem Stift lebten verwitwete oder unverheiratete Frauen des Hochadels, also mit anderen Worten, das Damenstift war reich. Dadurch bekam Friedrich viel Geld, nicht immer auf ganz redliche Art und Weise. Diese Einkünfte hätte aber auch gerne sein Großonkel **Erzbischof Engelbert von Köln**, der auch nicht ohne war, gehabt. Da bei Friedrich nicht alles mit rechten Dingen zuging, klagten die Stiftsdamen und Engelbert bekam die Erlaubnis vom Papst, gegen Friedrich vorzugehen. Das stieß verständlicherweise auf wenig Gegenliebe und ein Verhandlungsgespräch in **Soest** scheiterte.

Um seine Rechte durchzusetzen, wollte Friedrich, der wirklich kein Engel war, seinen Großonkel entführen und dann erpressen. Das war zwar damals üblich, aber fein war das nicht. Mit seinen Getreuen lauerte er dem Erzbischof in einem **Hohlweg bei Gevelsberg** auf. Der Erzbischof wehrte sich heftig, und es kam zu einem Kampf, bei dem der geistliche Herr durch 40-50 Messerstiche getötet wurde! Mord!

Der Nachfolger von Erzbischof Engelbert war **Heinrich von Molenark**. Er schwor Rache und führte den Leichnam dem König vor. Friedrich wurde geächtet, der Kirchenbann verhängt, sein gesamter Besitz wurde eingezogen, seine Burgen zerstört. Er hatte nichts mehr. So kam es, dass die große stattliche Burg im Winter 1225/26 niedergebrannt wurde, mitgeholfen und sich besonders hervorgetan hat sich sein Cousin **Adolf I. von der Mark**. Die Gräfin mit ihren Kindern und ein paar Bediensteten erhielt freien Abzug und floh nach **Altena** zu Verwandten. Unser Vorfahre mit seiner kleinen Familie musste mit.

Die Gräfin war völlig verstört, aber wer sollte sie trösten? Ein Koch und seine Frau waren nicht edel genug.

Der Ex-Graf reiste mit seinen Brüdern **Dietrich** und **Engelbert** (es scheint der Modename der damaligen Zeit gewesen zu sein) nach **Rom**, die beiden waren durch den Mord zu Ex-Bischöfen geworden. Sie wollten alle drei vom Kirchenbann freigesprochen werden. Nach dem Glauben des Mittelalter war mit dem Kirchenbann das ewige Leben verwirkt, und man musste für alle Zeiten in der Hölle schmoren. Ob der Graf die Lösung des Kirchenbanns erreicht hat, ist unbekannt. Auf der Rückreise, Friedrich wollte wohl nach **Limburg** zu seinem Schwager, wurde er in **Lüttich** erkannt und festgenommen. Auf ihn war vom neuen Erzbischof von Köln ein hohes Kopfgeld ausgesetzt worden (2100 Mark Silber, das waren fast 500 kg Silber!!!), das wollte sich jemand gerne verdienen. Friedrich wurde genau ein Jahr nach dem Mord der Kölner Kirche überstellt. Das schreckliche Urteil, das über ihn gesprochen worden war, wurde vollzogen. Er wurde zerschlagen, auf das Rad geflochten..."

"Hör auf!", rief Mathes.

"Das ist ja furchtbar!", empörte sich Mama.

"Er war hoffentlich sofort tot?", fragte Papa.

"Nein", fuhr Uropa fort, "er starb erst am nächsten Tag. Vögel zerhackten seinen Leichnam.
Annette von Droste-Hülshoff beschreibt die Szene folgendermaßen:..."

Uropa hatte ein Lesezeichen ins Buch gelegt und trug nun mit getragener Stimme vor:

"Zu Cöln am Rheine kniet ein Weib
 Am Rabensteine unter'm Rade,
 Und über'm Rade liegt ein Leib,
 An dem sich weiden Kräh' und Made;

Zerbrochen ist sein Wappenschild,
Mit Trümmern seine Burg gefüllt,
Die Seele steht bei Gottes Gnade."
"Waren unsere Vorfahren auch dabei?", fragte Mathes
entsetzt.
"Nein", erzählte Uropa weiter, "ein paar Knappen des Onkels
haben die bedauernswerte Gräfin begleitet, die anderen
Bediensteten des Hofes mussten auf der Burg arbeiten. Der
Koch war froh, er wollte seinem Sohn so ein schreckliches
Schauspiel nicht antun.
Die Gräfin kam nach ein paar Tagen völlig verzweifelt auf die
Burg zurück. Doch ihr Leidensweg war noch nicht beendet:
Ein paar Tage darauf starb ihr jüngstes Kind, vielleicht war
es auch eine Totgeburt. Das hat sie nicht mehr verkraftet,
kurze Zeit später wurde sie selbst beerdigt.
Unser Vorfahre hatte damit keine Stelle mehr, der
Arbeitsplatz auf der Isenburg zerstört, die Herrin tot.
Wohin sollten sie?
Der kleine Kötterhof in Stiepel konnte so viele Mäuler
nicht stopfen, dennoch gingen sie erst einmal nach Stiepel
zurück. Wider Erwarten war der Altbauer froh, Hilfe zu
bekommen.
Denn der Graf Adolf I. von der Mark, der kurz vorher die
Isenburg hatte zerstören lassen, brauchte auf der Stelle
eine neue Burg! Die neue Burg sollte direkt gegenüber von
Stiepel auf der anderen Ruhrseite erbaut werden:
Burg Blankenstein.
Alle Bauern der Umgebung wurden zu Spanndiensten
verpflichtet, so war der Altbauer froh, dass sein Sohn

wieder da war, helfen und diese Arbeit übernehmen konnte.
Der grübelte oft darüber nach, wieso die Herren erst eine
Burg zerstören, die andere ein paar Monate später neu
erbaut wird;
wieso zwei Menschen aus einer Familie aus Habgier sich
gegenseitig so befehden, dass beide auf so schreckliche
Weise sterben und noch viele in das Unglück mit
hineinreißen."
"Der eigentliche Gewinner war der 3. dieser Familie,
Graf Adolf von der Mark. Ihm gehörte jetzt das ganze
Gebiet. Wenn zwei sich streiten, freut sich der Dritte",
sagte Papa nachdenklich.
"Sie waren alle gleich", spann Mama den Gedankenfaden
weiter, "ungerecht, erpresserisch, habgierig; der Dritte war
auch noch gerissen. Auf der Verliererseite stand die arme
Gräfin und die Leute, die immer wieder die gefährliche
Schufterei an den Baustellen der Herren erledigen mussten,
neben der Arbeit auf dem Hof."
Eine Weile hing jeder seinen Gedanken nach, doch dann pries
Uropa noch einmal seine 'Armen Ritter' an, alle griffen
beherzt zu und ließen sie sich schmecken.

Urururururururururururururururururururururur-urururururururururururopa
geb. 1171

"Der Altbauer, geboren 1171",erzählte Uropa weiter, "war
Zeitzeuge und Leidtragender einer umwälzenden Entwicklung,

zum Glück hatte sie nichts mit kriegerischen Auseinandersetzungen oder Mord zu tun. Diese Entwicklung war aber der Grund dafür, dass sein Sohn sich Arbeit auf der Burg suchen musste, weil der kleine Hof kaum die große Familie ernähren konnte. Er muss so um die 10 Jahre alt gewesen sein, als dem Hof eine Erwerbsquelle wegbrach. Bisher hatten die Frauen jeden Tag gesponnen und am Hochwebstuhl gearbeitet, schöne Stoffe aus Wolle und Leinen hatten sie hergestellt. Die Tuche waren nicht für die Reichen bestimmt, dafür waren die Stoffstücke nicht wertvoll genug, aber die einfachen Bürger in den immer größer werdenden Städten nahmen sie gerne.

Regelmäßig kamen Händler vorbei und kauften ihnen die gewebten Stücke ab. Doch die Händler kamen seltener, und wenn sie kamen, wollten sie die Waren nicht mehr zum alten Preis abnehmen. Die Geldsorgen wuchsen. Ein Händler erzählte ihnen den Grund für das Geschäftsgebaren:

In den Tuchzentren wurde nicht mehr auf dem Hochwebstuhl gewebt, wo mühsam der Schussfaden durch die Kettfäden gefädelt werden musste, sondern auf Flachwebstühlen, bei denen sich mit Hilfe von Fußpedalen die Kettfäden alle gleichzeitig hoben oder senkten. Das ging natürlich viel schneller.

Der Stoff wurde gleichmäßiger.

Die Stoffbahnen konnten sehr lang sein, das mühsame Spannen der Kettfäden musste nicht mehr so häufig bewerkstelligt werden.

Es wurde zum Weben nur eine Person gebraucht, die in Windeseile das Weberschiffchen durch die Kettfäden schießen konnte, diese Weber konnten viel billiger besseren Stoff liefern.

Der Nachteil war, man benötigte so einen Webstuhl!

Die Familie ließ sich genau beschreiben, wie so ein Webstuhl funktionierte, sie wollten, dass der Dorfzimmermann so etwas nachbaute. Doch leider war das nicht so einfach, ohne so einen Webstuhl gesehen zu haben. Aus dem Unternehmen wurde nichts. Verbittert musste die Bäuerin erkennen, dass ihre Ware für die neue Zeit nicht mehr gut und preiswert genug war.

Erst mehrere Generationen später konnten unsere Vorfahren sich einen Webstuhl leisten."

"Das war aber auch eine traurige Geschichte", beklagte sich Mathes.

"Ja", seufzte Uropa, "das Leben ist kein Ponyhof!"

"Wo hast du denn **den** Spruch her?", wunderte sich Papa.

"Von Mathes!", lachte Uropa.

Urururururururururururururururururur-urururururururururururururopa

geb. 1146

"Unser nächster Vorfahre war in seiner Kindheit zeitweise mehr in der Kirche als zuhause. Das lag aber nicht an seiner Frömmigkeit, sondern an seiner Neugierde. In jeder freien Minute, oft auch in nicht ganz so freien Minuten, in denen er eigentlich arbeiten musste, sauste er zu Kirche. Die frisch getünchte Kirche wurde nämlich bemalt!

Wer das Geld für die exzellenten Künstler aufgebracht hatte, wird für immer im Dunkel der Geschichte bleiben. Unsere Familie wird wohl nur ein kleines Scherflein dazu beigetragen haben.

Aber dafür war unser Vorfahre umso eifriger mit seinen Wortbeiträgen. An jedem Bild hat er so lange herumgemäkelt und kritisiert, bis die Künstler seinen Vorschlägen folgten oder ihn ab und zu, wenn er zu nervig wurde, nach Hause schickten.

Zuerst malten sie den 'Kindermord von Bethlehem'. Der Junge bewunderte die Figuren, die bedauernswerten Frauen rührten ihn sehr, und er verspürte persönlichen Hass auf den Soldaten und seinen grinsenden Befehlshaber. Doch das Schwert war ihm zu kurz. Das war ja höchstens ein kleiner Dolch! Er bekrittelte so lange das zu zierlich geratene Mordwerkzeug, bis der Meister der Maler endlich das Schwert verlängerte.

So ging es weiter. Bei der 'Flucht nach Ägypten' sah er, dass auf dem Karton mit der Vorzeichnung Maria auf einem Esel saß! Die Mutter Gottes auf einem Esel! Unmöglich! Keine Herrin würde auf einem Esel reiten! Und dann die Mutter von Jesus! Das war ja entwürdigend!

Konnten die Künstler ihr nicht ein prächtiges Pferd malen? Die Einwände machten den Meister ganz unsicher, Pferd oder Esel? Josef und Maria waren doch arme Leute:

Also ein Esel!

Aber Maria trug den Herrscher der Welt:

Also wäre ein Pferd angemessen!

Zwei Nächte lang grübelte er hin und her. Dann hatte er eine geniale Idee:

Der Esel zeigt an, dass die kleine Familie im irdischen Leben bescheiden gelebt hatte, aber er würde den Esel so malen, dass er im Passgang geht. Esel können keinen Passgang, nur gut trainierte und geschulte Pferde von Reichen konnten das! Das zeigt an, dass der Herr über das ganze Universum auf diesem Tier sitzt. Unser Vorfahre war sehr zufrieden mit dieser Lösung.

Doch fast täglich fiel ihm etwas Neues auf, das eine Bein war zu kurz, das Auge hing schief, der Fuß war zu klein, der Bogen war nicht krumm genug, der Strich war nicht gerade.

Als die Maler mit den gemalten Teppichen (echte konnten sich die Stiepeler damals – im Gegensatz zu heute - dann doch nicht leisten) fertig zu sein glaubten, gab es wieder 'was zu meckern: 'Und wie sollen die Teppiche hängen? Die Schlaufen fehlen!' Die Maler verdrehten die Augen, aber leider stimmte es. Also mussten sie noch einmal auf das Gerüst klettern und die Schlaufen malen.

Beim letzten Bild, dem Löwen mit seinem Jungen, riss ihnen der Geduldsfaden endgültig. Unser Vorfahre hatte, genauso wenig wie die Maler, jemals einen Löwen gesehen.

Aber Meckern geht ja immer. Er meckerte an dem langen Hals herum, an dem viel zu dünnen Hinterleib, an dem Jungen.....

Da schnappte sich der Stärkste der Maler den nörgelnden Bauernburschen, der andere riss die Kirchentür auf und – schwupp – befand sich unser Vorfahre an der frischen Luft.

Die Tür fiel ins Schloss, der Riegel wurde von innen vorgeschoben.

Das war nicht nett, aber Künstler sind auch nur Menschen. Der freche kleine Kerl schrie das, was mehr als 750 Jahre später ein Kaiser genauso sauer schreien würde: 'Dann macht doch euern Dreck alleene!'

Kurze Zeit später waren die Maler fertig, und es wurde ein wunderbarer Dankgottesdienst gefeiert. Alle bewunderten die herrlichen Gemälde, und der Pastor predigte zu den einzelnen Bildern.

Jesus, der Herrscher über Raum und Zeit, würde am Ende die Guten zu sich rufen, so wie er Abel zu sich winkt, und die Bösen bestrafen, so wie er Kain die Gesetzesrolle hinhält. Für alle Guten würde das Wasser der vier Paradiesströme fließen, so wie es die vier Jünglinge aus ihren Amphoren bildlich auf die Gläubigen in der Kirche ausgossen. Es war sehr ergreifend.

Nach dem Gottesdienst legte der Malermeister seinen Arm um die Schultern unseres Vorfahren und lachte ihn an: 'KRITIK WIRD STÖREND OFT EMPFUNDEN, WEIL SIE NICHT MIT LOB VERBUNDEN!

Aber ich glaube, du hast uns trotzdem oft den richtigen Tipp gegeben, so dass die Bilder wahre Meisterwerke geworden sind und die Jahrhunderte überdauern werden! Zum Dank und zur Erinnerung schenke ich dir zwei Pinsel, einen neuen und einen, den wir hier in der Kirche gebraucht haben. Dann erinnerst du dich immer an uns!'

Nach dem Gottesdienst und dem anschließenden Fest verschwanden die Maler aus Stiepel und aus dem Leben

unseres Vorfahren. Die Pinsel bewahrte er sein Leben lang
auf. Immer wieder ging er in die Kirche, betrachtete die
schönen Bilder und bewunderte die Kunstfertigkeit der
Maler."
"Nur bei den Löwen hätten sie auf unseren Vorfahren hören
sollen", nörgelte jetzt Mathes herum, "die sind wirklich nicht
so ganz gelungen!" , während Mama darüber nachgrübelte,
woher ihr der Spruch des Malers so bekannt vorkam.
Auf einmal fiel es ihr ein:
"Uropa, du Schlitzohr, das ist von Wilhelm Busch!"
Uropas Gesicht bekam 1000 Lachfalten:
"Was habe ich nur für eine schlaue Schwiegerenkeltochter!"

Urururururururururururururururururur-urururururururururururururopa
geb.1121

Diesmal schnappte sich Papa den letzten ‚armen Ritter', bevor
Uropa zuschlagen konnte. Also erzählte er ohne Stärkung
weiter.
"Als unser nächster Vorfahre ein junger Mann war, kamen
Pläne auf, die kleine Kirche der Gräfin Imma zu vergrößern.
Man träumte in der kleinen Bauernschaft nun nicht gerade
von einem Dom oder einer Kathedrale, aber ein bisschen
größer konnte die Kirche schon sein. Das Langhaus hatte ja
nur 60m²! Außerdem wäre ein Turm ja auch nicht schlecht, es
sollte ein Wehrturm werden, der als Zuflucht für die Leute
vom **Haupthof der Herren von Stiepel** dienen sollte. Ein

Baumeister wurde gefunden. Als Baumaterial bot sich der Ruhrsandstein an, davon hatte man hier ja genug. Der Weg vom Steinbruch an der Ruhr bis zur Kirche war auch nicht weit. Eine Ochsenkarre beförderte die größeren Steine, die mittleren Steine schleppten die Bauern und Knechte der Umgebung, die kleinen Steine trugen unser Vorfahre und sein um ein Jahr jüngerer Bruder.

Man muss die Wahrheit beim Namen nennen:

Die beiden waren nicht die Fleißigsten.

Jeden Tag waren von den Hörigen ein Dutzend Mal – also 12-mal – Steine zu bringen. Auf ihrer Trage – Schubkarren gab es ja noch nicht -, die die beiden beladen zur Baustelle schleppen sollten, befanden sich immer nur kleine Steine, dazu auch noch nicht einmal besonders viele. Sie waren immer als erste fertig und lachten sich heimlich eins ins Fäustchen, wenn sie die schwitzenden und schwer schleppenden anderen Hörigen sahen. Nach einer Weile fiel dem Baumeister auf, was die beiden da so trieben und stellte sie zur Rede.

Aber die zwei taten erstaunt, waren denn die kleinen Steine nicht zum Ausfüllen der Zwischenräume dringend notwendig? Suchten denn die Maurer nicht gerade in den von ihnen gelieferten Fuhren herum nach passenden Stücken für die Lücken?

Der Baumeister war ärgerlich. Ausgerechnet die kräftigsten Burschen taten so gut wie nichts. Er musste ihnen einen Strich durch die Rechnung machen. Das gelang ihm auch, denn ab jetzt wurden die Steinmengen mit der eines dicken Steines verglichen. Da hatte die Trickserei ein Ende, und die Gerechtigkeit war wieder hergestellt. Fluchend mussten nun die zwei genauso viel schleppen wie alle anderen auch. Sie tröstete nur, dass alle Engel und Heilige ihre Arbeit sahen. Die Seiten der Kirche wurden etwas verbreitert, und der Turm wurde so etwa 15m hoch. Hier war man glatt dem Himmel näher, und so hatte sich die elende Schlepperei doch noch gelohnt.

Urururururururururururururururururur-ururururururururururururururopa
geb. 1096

Der Vater dieser beiden Faulpelze war das genaue Gegenteil, er schuftete bis zum Umfallen! Um für ein paar Jahre eine gute Ernte zu haben, musste er immer wieder neues Land roden. Das hieß: Bäume fällen, Büsche ausreißen, Wurzeln aus dem Boden ziehen. Um sich diese Arbeit zu erleichtern, steckte man auch öfter einfach das Waldstück, das Acker werden sollte, in Brand. Das war allerdings genauso gefährlich wie das Roden des Waldes. Und nach ein paar Jahren war der Boden ausgelaugt und gab nichts mehr her. Es war ein Elend. Eines Tages bekam der Herr von Stiepel Besuch von weiter entfernter Verwandtschaft.
Wahrscheinlich ging es darum, eine standesgemäße Ehe auszuhandeln. Zum Festmahl waren auch die abgabepflichtigen Bauern eingeladen. Hier hörte unser Vorfahre zum ersten Mal von einer großen Veränderung in der Landwirtschaft. Zuerst fasste er sich an. den Kopf, wie konnte man ein Drittel seines Landes brach liegen lassen!

Doch je mehr er darüber nachdachte, desto mehr erkannte er die Vorteile.

Einen Versuch war es wert. Er konnte ja mit einem kleinen Teil seines Landes beginnen. Er ließ sich noch einmal ganz genau den Trick erklären: Auf einem Drittel des Landes wurde das Sommergetreide, auf einem Drittel das Wintergetreide ausgesät. Auf das letzte Drittel wurde gar nichts gesät, hierhin wurde das Vieh getrieben. Das Vieh düngte automatisch den Boden. Im nächsten Jahr wurde gewechselt: Auf den frisch gedüngten Boden kam das Sommergetreide, auf das andere Feld das Wintergetreide und auf den ausgelaugten Boden das Vieh. Tatsächlich, diese neue Art und Weise der Landwirtschaft bewährte sich. Zudem konnte sich der Wald erholen und die Schweine zur Mast hineingetrieben werden. Ein bisschen hatte sich das Leben verbessert."

„Ab jetzt wuchs der Schinken auf den Eichen!", ergänzte Mathes.

„Gut aufgepasst, das gibt nachher ein Eis zur Belohnung!", lobte Uropa.

Urururururururururururururururururururur-urururururururururururururururururopa
geb. 1071

"Der nächste Vorfahre – 1071 geboren – hat ebenfalls erlebt, dass eine Erfindung das Leben leichter machte. Bisher bekamen die Zugtiere einfach einen Lederriemen um den Hals gebunden, das war natürlich die reinste Tierquälerei. Den armen Viechern blieb die Luft weg, das Fell scheuerte auf. Die Zugleistung war gering, und die Tiere konnten nicht täglich eingesetzt werden. Wieder waren es die Händler, die Neuerungen verbreiteten. Sie zogen von Ansiedlung zu Ansiedlung und versuchten, ihre Waren zu verkaufen, oder etwas anderes dagegen einzutauschen. Diesmal fand die Vorführung der neuen Ware direkt bei der Ankunft des Händlers statt:

Die Stiepeler fanden sich schnell am Herrenhof hinter der Kirche ein, als sie hörten, dass der Händler käme. Das Pferd zog ungewöhnlich zügig den Wagen des Händlers, und die Bauern sahen es sofort: Das Pferd war anders angespannt. Es trug eine dicke Wurst aus Leder um den Nacken, die Wurst reichte aber bis zum Beinansatz hinunter. Dort waren die Zugstangen befestigt. Das Pferd zog also nicht mehr mit dem Hals, sondern mit dem ganzen Körper! Die gut gepolsterte Lederwurst verhinderte auch Verletzungen. Der Händler nannte das Ding 'Kummet' und pries es sofort an: 'Bahnbrechende Erfindung! Steigerung der Leistung! Nur wenige Modelle noch auf meinem Wagen! Schnell zugreifen!' Die Bauern waren eigentlich überzeugt von der Qualität, aber war es auch für Ochsen passend? Der Händler hatte mehrere Modelle im Angebot. Und der Preis? Der Händler nannte den Preis, und die Bauern wurden still. Das konnte sich keiner leisten. Da hatte unser Vorfahre die Idee:
Kummet-Sharing!"
"Uropa!", sagten Mama und Papa gleichzeitig, "jetzt geht aber mit dir die Fantasie durch!"

"Nein", beteuerte Uropa, "unser Vorfahre kannte zwar das Wort noch nicht, aber handelte so! Die Bauern taten sich zusammen und kauften gemeinsam **ein** Kummet, jeder konnte sich tageweise das Gerät ausleihen. Unser Vorfahre war verantwortlich für die gerechte Einteilung, aber er musste dieses undankbare Amt nicht lange ausüben.

Der Gerber und der Schmied sahen sich das neue Ding sehr genau an und tüftelten ein bisschen herum, bis sie ein zweites und ein drittes Kummet fabriziert hatten. Innerhalb kürzester Zeit waren alle Höfe, die Zugtiere hielten, mit einem Kummet versorgt.

Urururururururururururururururur- urururururururururururururururururopa
geb. 1046

Der nächste Vorfahre hat leibhaftig den König gesehen! Der König war nur 4 Jahre jünger als der Stiepeler Junge. Das arme Kerlchen war schon mit 5 Jahren zum König gekrönt worden, Ein Jahr später starb sein Vater. Seine völlig überforderte Mutter sollte für das Kind die Regierungsgeschäfte leiten, doch im Reich war man mit der Amtsführung nicht einverstanden.

Um selbst die Geschicke des Reiches beeinflussen zu können, musste man den König in die Hand bekommen. Hier tat sich mal wieder ein Erzbischof hervor. Dreimal dürft ihr raten, aus welcher Stadt er kam!"

"Na, Köln natürlich!", lachte Mathes.

"Richtig! Der Gewinner dieser schwierigen Quizfrage bekommt als Nachtisch noch ein Eis!", versprach Uropa.

"Das Osterfest des Jahres 1062 verbrachte der 12-jährige in der **Kaiserpfalz Kaiserswerth**, heute bei Duisburg. Der Erzbischof biederte sich bei dem Jungen an und versprach ihm, auf dem Rhein ein besonders schönes, prunkvolles Schiff zu zeigen. Er lockte den jungen, unbedarften König aufs Schiff.....und schon legte es ab. Der Junge sprang in den Rhein und wäre fast ertrunken.

Einer von den Leuten des Erzbischofs sprang hinter ihm her, rettete ihn.......und brachte ihn aufs Schiff zurück! Jetzt war er endgültig in den Händen der Erzbischöfe von Bremen und Köln. Auf dem Weg zur **Kaiserpfalz in Paderborn** mussten sie auf dem Hellweg – heute bekannt als Ruhrschnellweg – durch Bochumer Gebiet.

Als Boten das Nahen des Trosses ankündigten, wurden alle jungen Burschen der Umgebung für die Versorgung der Pferde abgestellt. Unser Vorfahre war natürlich dabei, er wollte unbedingt den König sehen und malte sich das Ereignis schon in den buntesten Farben aus.

Es gelang ihm tatsächlich, einen Blick auf die gut bewachte königliche Kutsche zu werfen. Er sah ein verstörtes, unglückliches Jungengesicht. In ihm regte sich Mitleid mit dem armen Kerl, gleichzeitig ahnte er, wie die Regierungszeit eines so ausgenutzten jungen Königs aussehen würde. Er hatte recht. Dauernd hatte dieser König Streit mit dem Papst, man schrieb sich gegenseitig Drohbriefe, man sprach den Bann aus.

Es ging so weit, dass **Heinrich IV.** 1077 den Gang nach **Canossa** antrat.

Unser Vorfahre versuchte immer wieder, etwas über das Leben des Königs bzw. Kaisers zu erfahren. Jede neue Katastrophe des abenteuerlichen Lebens kommentierte er mit: 'Ich wusste's ja!'.

Er war nie neidisch auf das Leben der königlichen Familie.

Ururururururururururururururururururururururururururururururururururururururururururopa
geb. 1021

Sein Vater war ebenfalls ein Anhänger von Geschichten über Adelige. Schade, dass es damals noch keine entsprechenden Zeitschriften gab. Seine besondere Vorliebe galt der **Gräfin Imma**, die einige Jahre in Stiepel gelebt hatte, jetzt aber schon lange in **Bremen** wohnte. Mit den Stiepeler Geschichten der Gräfin war er aufgewachsen, abends am Feuer wurden sie immer wieder erzählt.

Die schönste Geschichte, die außerhalb von Stiepel stattgefunden hatte, erfuhren sie vom Verwalter der Besitzungen der Gräfin. Er kam jährlich aus Bremen angereist und war – im Gegensatz zu anderen Verwaltern – sehr beliebt. Er zog nur geringe Abgaben ein, war auch sonst sehr nett und brachte zudem Neuigkeiten aus der Stadt Bremen mit. Diese Geschichte konnte unser Vorfahre nicht oft genug hören: Auch in der Stadt Bremen gab es arme Leute, die in ihrer Not nicht aus noch ein wussten. Sie wandten sich an die

Gräfin, die für ihre Güte bekannt war. Sie baten sie, ihnen doch ein Stück Land zur Verfügung zu stellen, damit sie ihre Ziege oder Kuh dahin treiben könnten, damit sie etwas Milch gäbe. Gräfin Imma überlegte kurz und versprach dann den Leuten so viel Land, wie ein Mann in einer Stunde abgehen könne. Unglücklicherweise war ihr Schwager bei ihr, der ihr Vermögen erben wollte. Der ärgerte sich fürchterlich über die Großzügigkeit der Gräfin, konnte aber seiner Wut keinen freien Lauf lassen. Deswegen sagte er sarkastisch:
'Oh, warum denn nicht gleich einen ganzen Tag?!?'
Imma tat so, als wenn sie den Zynismus nicht bemerkt hätte und rief freudig aus: 'Aber natürlich! Einen ganzen Tag!'
Jetzt platzte der Schwager fast vor Wut, durfte sich aber nun erst recht nichts anmerken lassen. Er bat sich aber aus, den Menschen aussuchen zu dürfen, der das Gelände umrunden würde.
Am nächsten Morgen trafen sich alle nach dem Gottesdienst vor der Kirche. Man war gespannt, wen der Schwager der Gräfin wählen würde. Der verzog den Mund zu einem gemeinen Grinsen und zeigte auf den Bettler, der neben der Kirchtür hockte und auf Almosen hoffte. Seine Beine waren gelähmt, und er konnte sich nur mit Hilfe der Arme vorwärts bewegen. Die armen Leute waren verzweifelt, was sollte das denn ergeben? Nun platzte die Gräfin fast vor Wut über ihren fiesen, habgierigen Verwandten, den sie natürlich durchschaut hatte. Aber sie bewahrte Haltung. Sie lächelte dem Bettler zu, flüsterte ihm ein paar Segensworte ins Ohr, und der Bettler robbte los. Es ging natürlich nur sehr langsam

vorwärts, aber er gab nicht auf! Womit niemand gerechnet hatte: Er kroch ohne Rast, bis die Sonne unterging!

Der Diener der Gräfin hatte die riesige Runde markiert, die ab jetzt als '**Bürgerweide**' allen zur Verfügung stand. Der Bettler wurde bejubelt und beklatscht, er wurde für den Rest seines Lebens gut versorgt.

Nur einer jubelte nicht, na, ihr wisst schon, wer!"

"Na, dieser Fiesnickel!", antwortete Mathes.

"Jetzt bekommst du schon drei Portionen Eis zum Nachtisch", verkündete Uropa.

"Das Gelände existiert heute noch in Bremen, darauf findet die große Kirmes im Herbst statt. Die Gräfin wird in Bremen immer noch verehrt, allerdings ist sie da mehr unter dem Namen '**Emma**' bekannt. Der Bettler ist zu Füßen der **Rolandsäule** in Stein gemeißelt, zur Erinnerung an den Ärmsten der Armen.

Urururururururururururururururur-urururururururururururururururururopa
geb. 996

Genau 1000 Jahre vor dir, Mathes, wurde ebenfalls ein kleiner Junge geboren. Seine Familie wohnte in einer kleinen Kate in den Hügeln an der Ruhr. Zu der Zeit regierte

Otto III. Er beschenkte Immas Ehemann **Liudger** mit dem
Hof Stiepel, den es damals schon gab. Sie zogen nach
Stiepel, doch der Gräfin, die sowohl fromm als auch
eigensinnig gewesen sein muss, fehlte etwas: Eine Kirche.
Sie war nicht nur für ihr eigenes Seelenheil verantwortlich,
sondern auch für das der Bediensteten und Hörigen.
Allerdings hatte sie Schwierigkeiten mit dem **Kölner
Erzbischof Heribert**, der keine Eigenkirche auf dem Hof
sehen wollte, die brachte ihm nämlich kein Geld."
"Du meine Güte!", empörte sich Mathes, "da war ja einer
schlimmer als der andere!"
"Irgendwann wurde es Imma zu dumm, und sie schaltete ihre
Verwandtschaft ein, den Kaiser, seine Frau, **ihren Bruder,
den Erzbischof von Paderborn**.....Auf einmal klappte es, sie
bekam die Genehmigung und konnte die Kirche bauen lassen.
Das Kirchlein sollte neben dem Brunnen mit dem heiligen
Wasser stehen, dem **Hilligenpöttken**.
Der Bauplatz wurde vorbereitet und die Gräben für die
Grundmauern ausgehoben. Dann sollte der erste Stein
gesetzt werden, natürlich feierlich. Die Gräfin selber wollte
den Grundstein an die richtige Stelle legen.
Nach dem Gottesdienst – noch unter freiem Himmel – wurde
der Stein gesegnet und für einen guten Verlauf der
Bauarbeiten gebetet. Dann kam der Augenblick des
Grundsteinlegens. Unser Vorfahre stand in der 1. Reihe, er
wollte diesen wichtigen Moment auf gar keinen Fall
verpassen.
Er hatte sich schon vorher kritisch diesen Stein angesehen,
es war ein ziemlicher Brocken. Aber vielleicht, so glaubte der

naive Junge, würde so ein Stein durch die Segnungen und die Heiligkeit des Tages leichter. Doch das Wunder geschah nicht, der Stein war und blieb so furchtbar schwer, wie dicke Steine nun mal sind.

Die Gräfin fasste ihn mit ihren zarten Fingern an, doch der Stein rührte sich nicht vom Fleck.

Leider rührte sich auch keiner des Hofstaates vom Fleck. Sie sahen zwar, dass die Gräfin in einer peinlichen Situation steckte, aber durfte man einer Gräfin helfen?

Solche Gedanken über die Standesunterschiede quälten unseren Vorfahren nicht: Er sprang neben die Gräfin, packte den Stein mit seinen schwieligen Bauernhänden, die Gräfin erkannte die Rettung und lächelte ihn an.

'Hau ruck!', kommandierte unser Vorfahre, und der Stein wurde mit vereinten Kräften an die richtige Stelle bugsiert. Alle klatschen Beifall, das war bestimmt ein gutes Omen, dass die Gräfin und ein Stiepeler Junge gemeinsam den Grundstein gelegt hatten.

Die kleine Kirche wurde zügig gebaut. Graf Liudger, der 1011 starb, erlebte noch die Einweihung. Unser Vorfahre betrachtet aber in seinem Herzen die Kirche als sein Eigentum, besonders, nachdem die Gräfin nach dem Tod ihres Mannes Stiepel verließ.Und so ist das bis heute", schloss Uropa seine lange Geschichte ab, "jeder Stiepeler, egal welcher Konfession er angehört, ob er schon lange hier wohnt oder gerade erst zugezogen ist, betrachtet in seinem Herzen die kleine Kirche mit dem überaus spitzen Turm als sein Eigentum."

Die drei Zuhörer klatschten jetzt auch und bedankten sich bei Uropa. Der wehrte glücklich, aber bescheiden ab und erklärte, dass er zur Feier des Tages einen Tisch – passend zur Geschichte – auf Kemnade im ‚Haus Kemnade' bestellt habe.

Nach dem opulenten und köstlichen Abendessen (Mathes schaffte keine 3 Eisportionen) brachten sie Uropa nach Hause.

"Uropa, könnte es nicht sein, dass einer unserer Vorfahren bei Kaiser Karl dem Großen oder bei der Varusschlacht oder bei den Hirten in Bethlehem dabei war?", fragte Mathes vorsichtig.

"Vielleicht", sagte Uropa, während er sich aus dem Auto quälte.

Er lachte und auf seinem Gesicht erschienen wieder einmal 1000 Lachfältchen.

Ende

Fenster der St. Johann-Kirche im Schnoor-Viertel/Bremen

Teil II

Die Vorfahren

Schneide die Figuren aus und klebe sie
in der richtigen Reihenfolge zusammen, die 1000-Jahr-Kette
wird ziemlich lang.

- Hast du bemerkt, dass es vor dem 14.Jahrhundert
  keine Knöpfe gibt?
- Das Schuhwerk der Bauernkinder bestand meistens aus
  Holzschuhen. Oft liefen sie aber barfuß.
- Einige Kinder tragen eine Gugel. Das war eine
  kapuzenartige Kopfbedeckung, die auch noch über die
  Schultern gezogen wurde.
- Einige Kleidungsstücke sind geflickt. Die Kleidung
  wurde bei den ärmeren Leuten so lange repariert wie
  möglich.

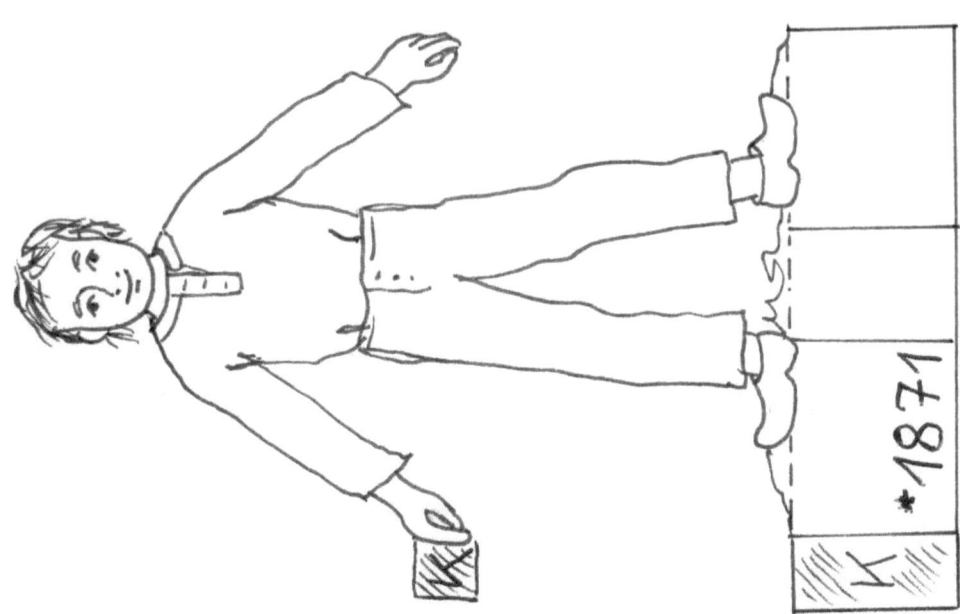

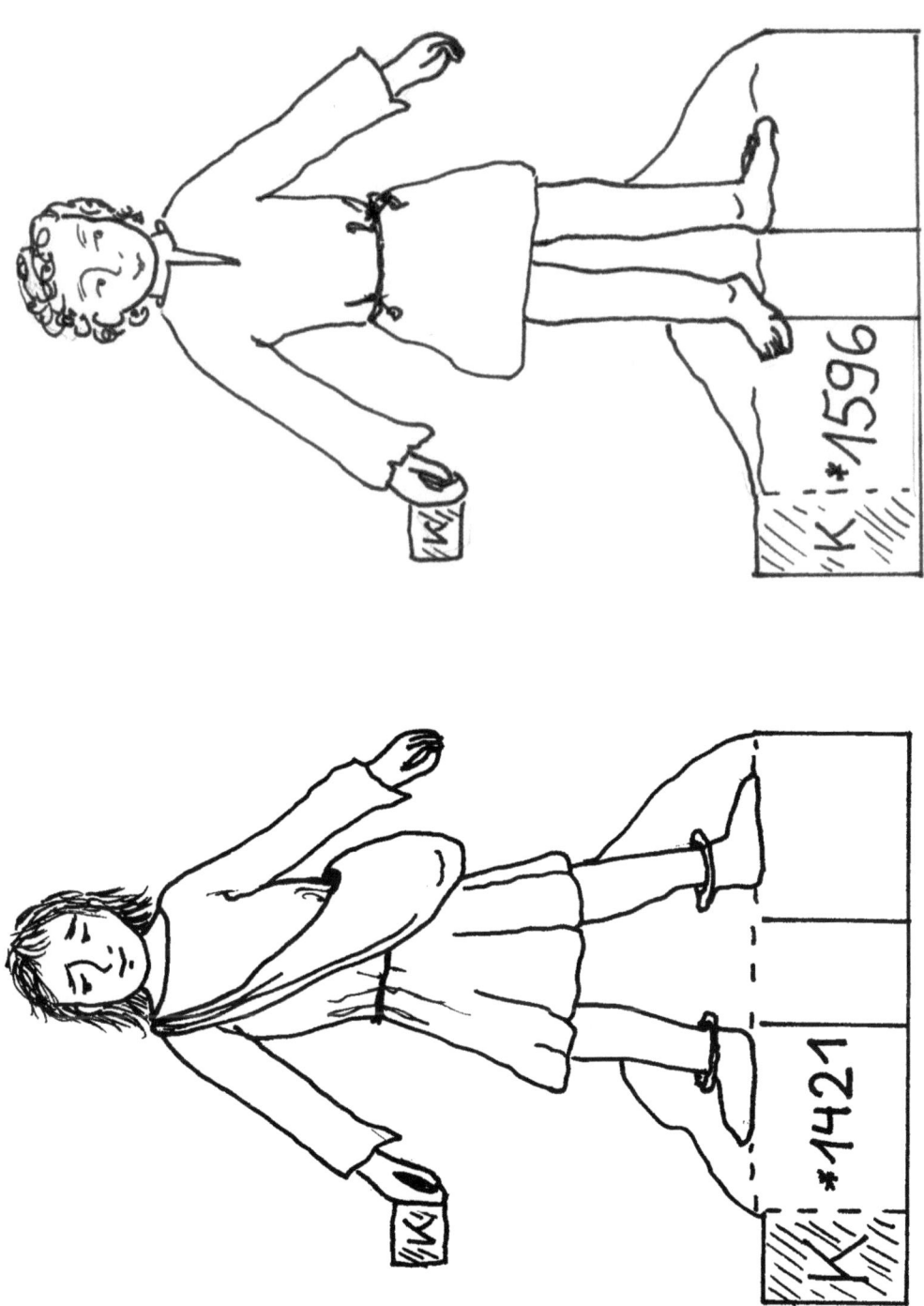

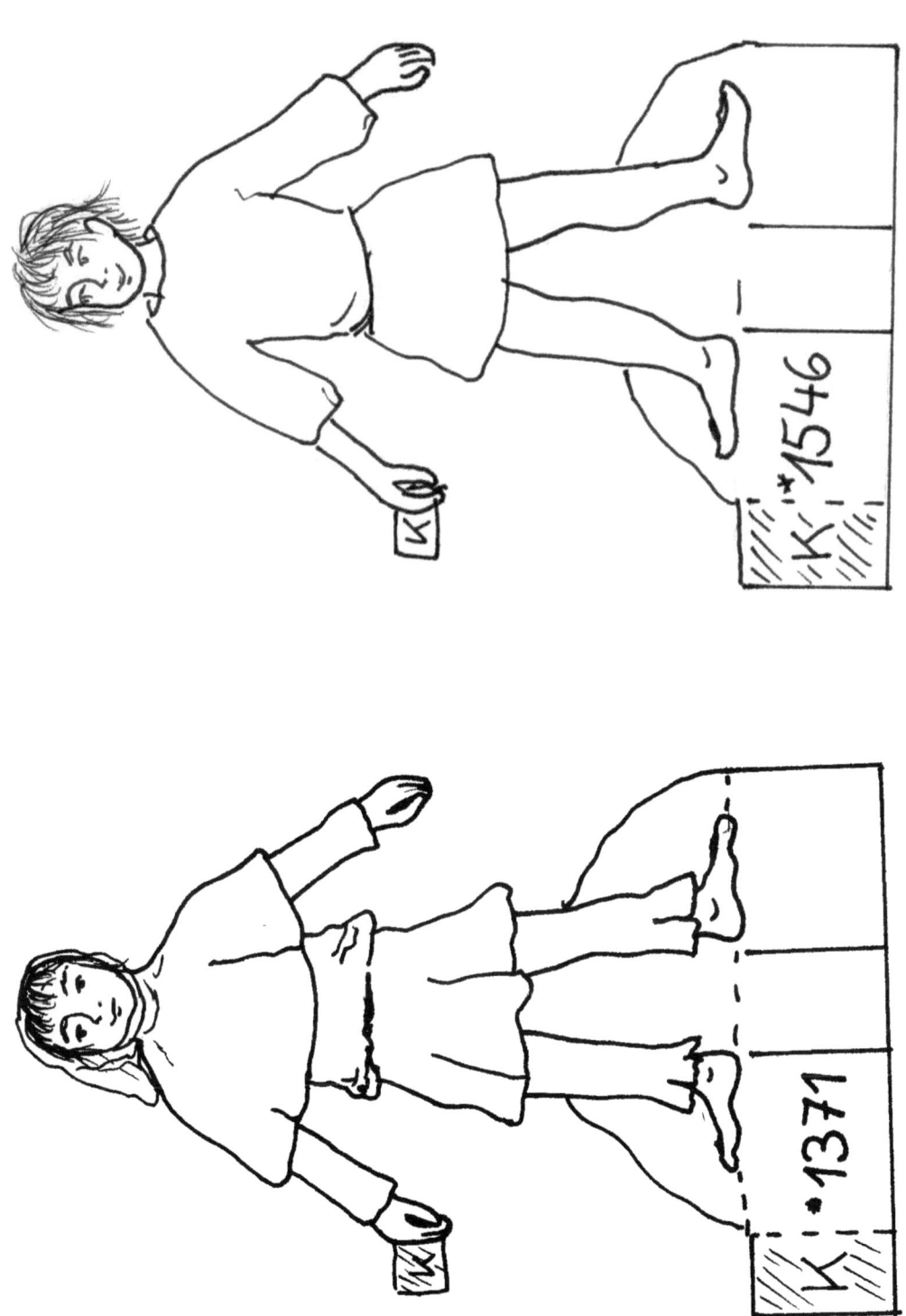

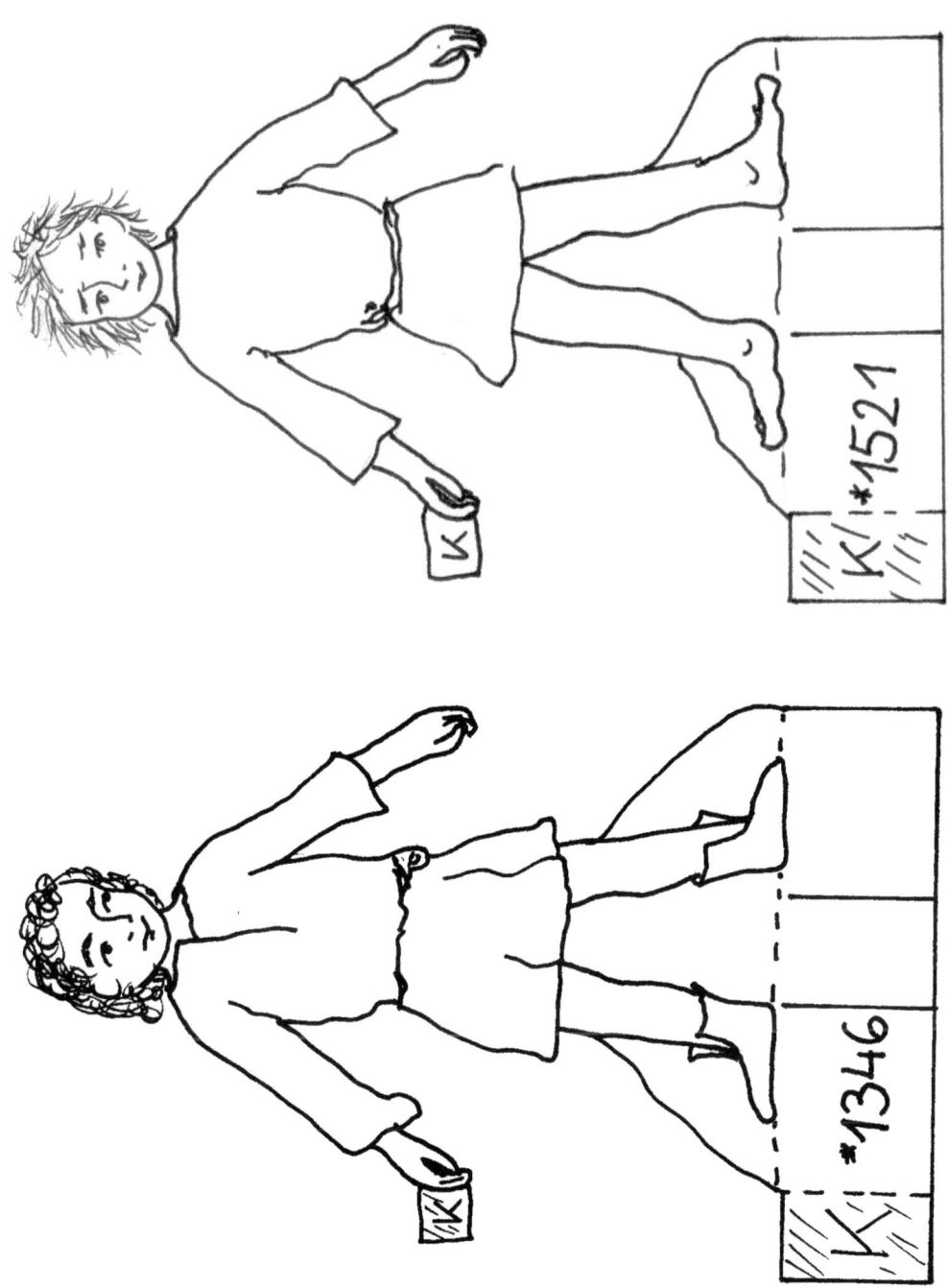

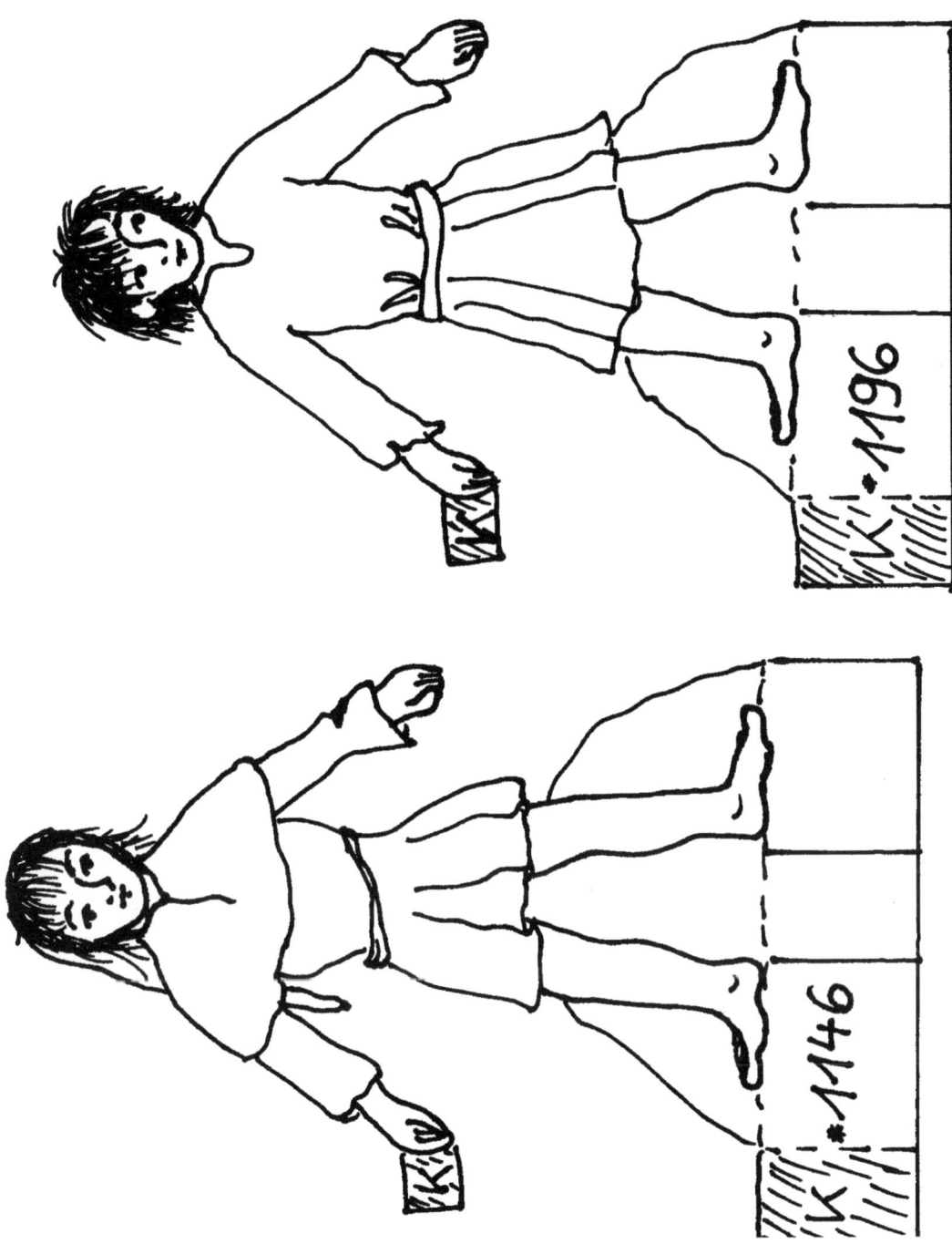

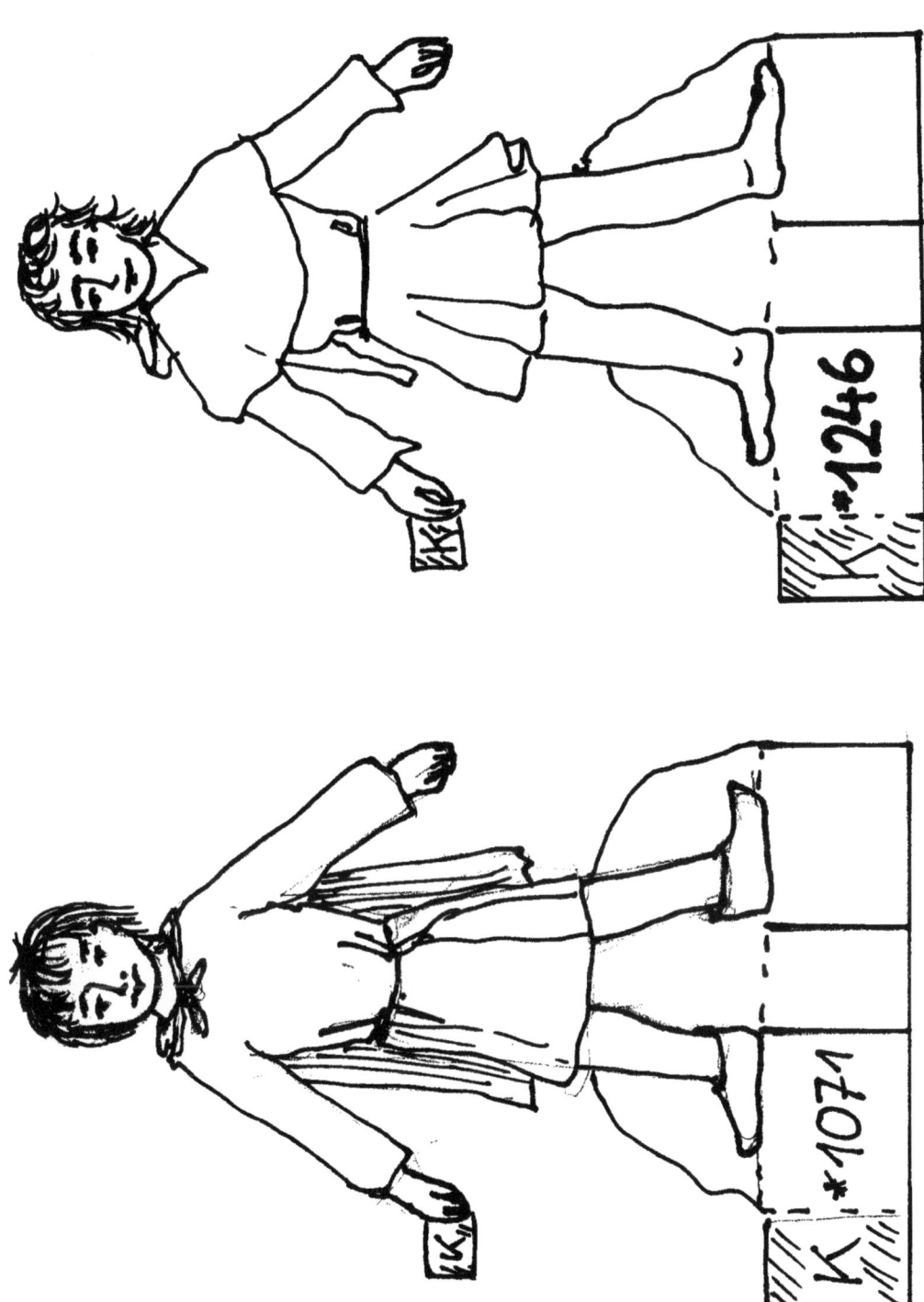

K ✱1621

M ✱1746

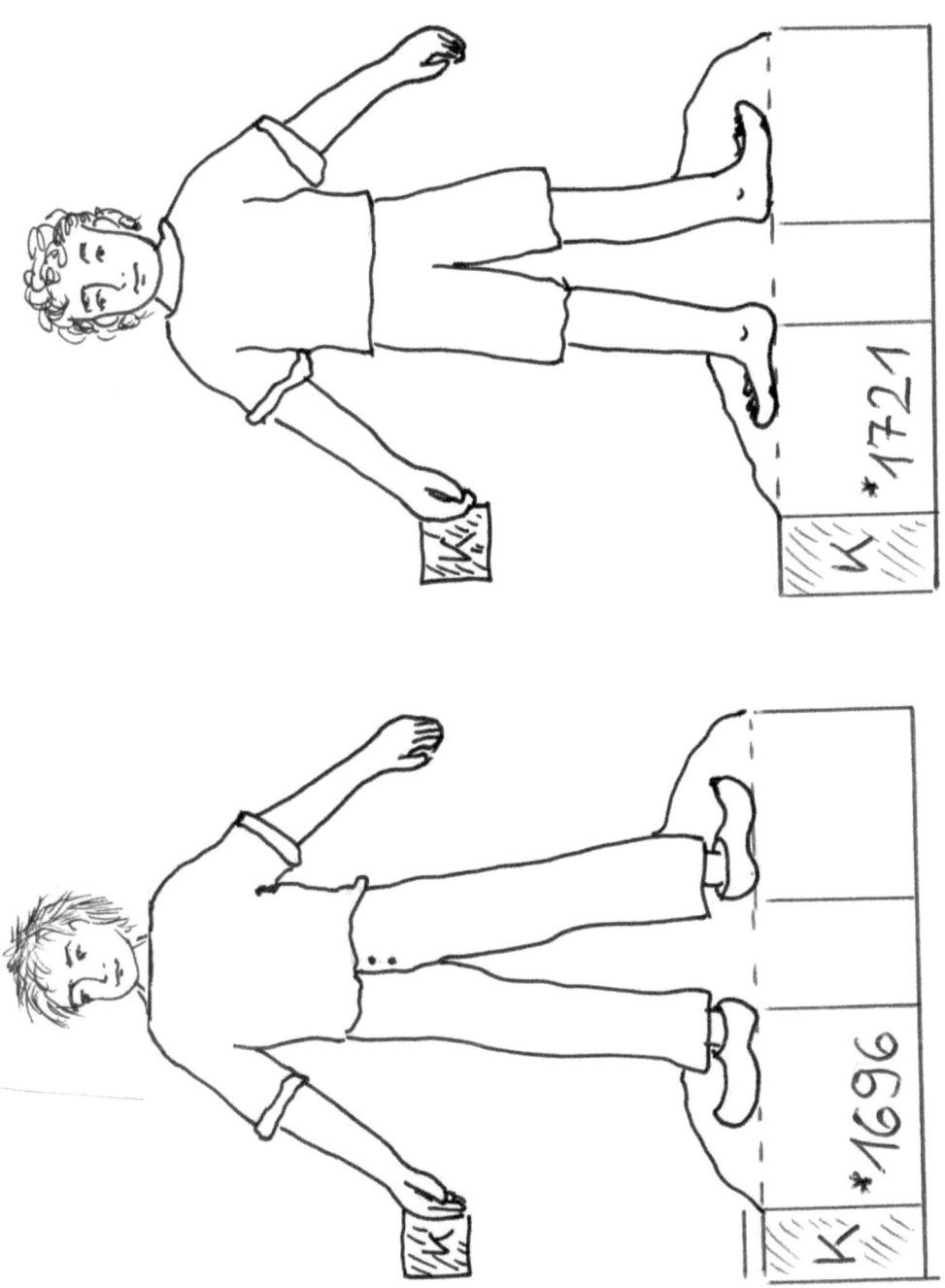

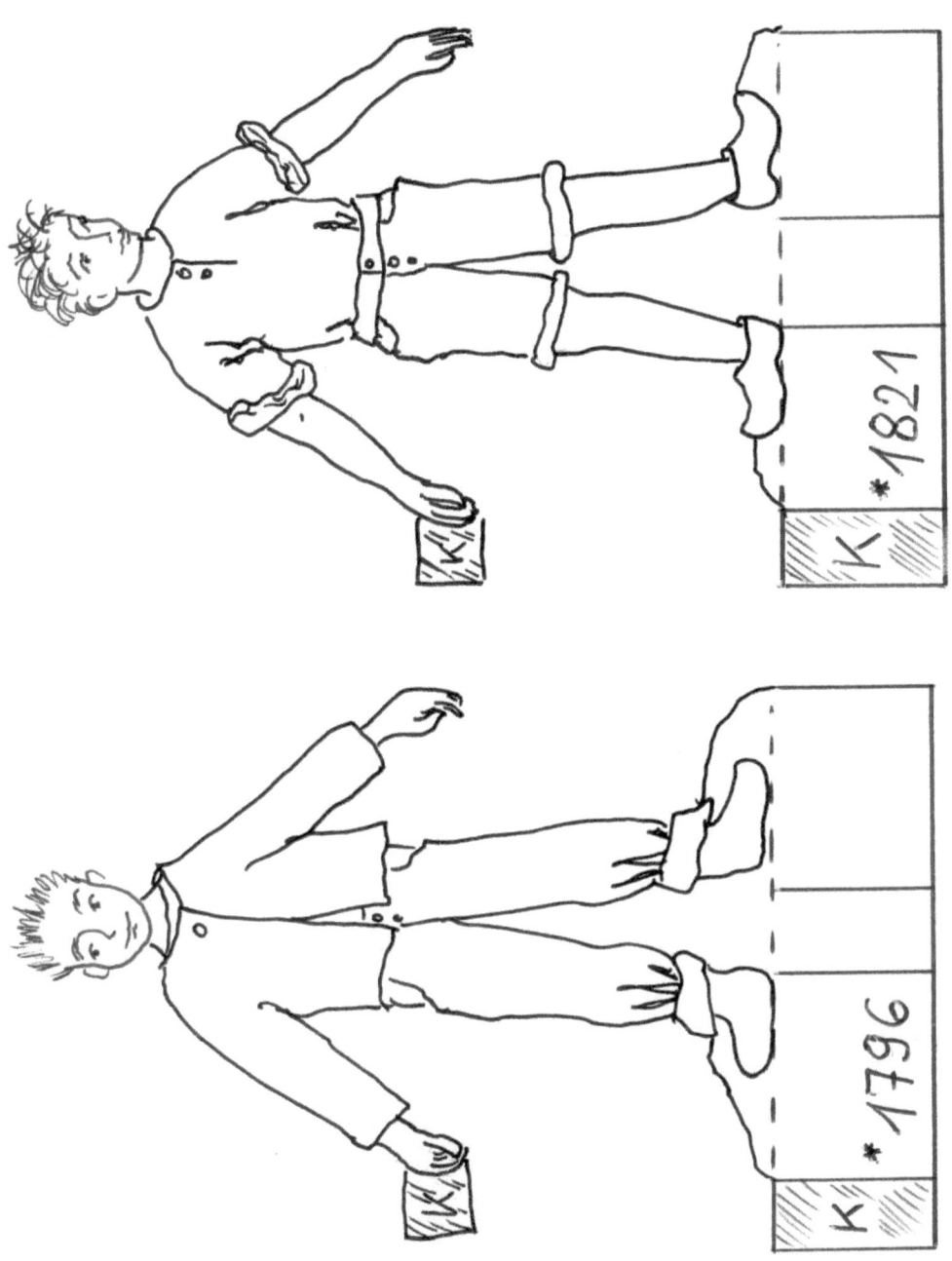

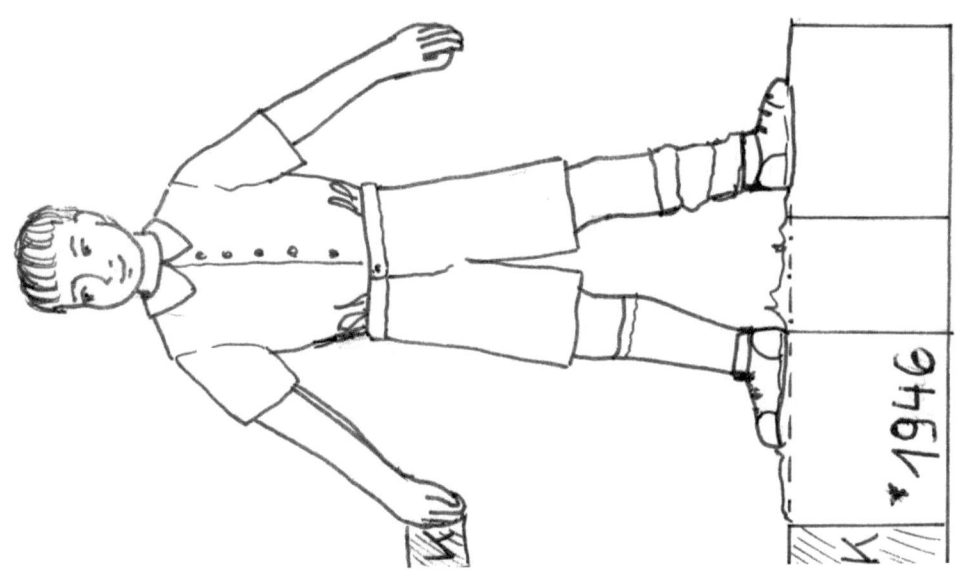

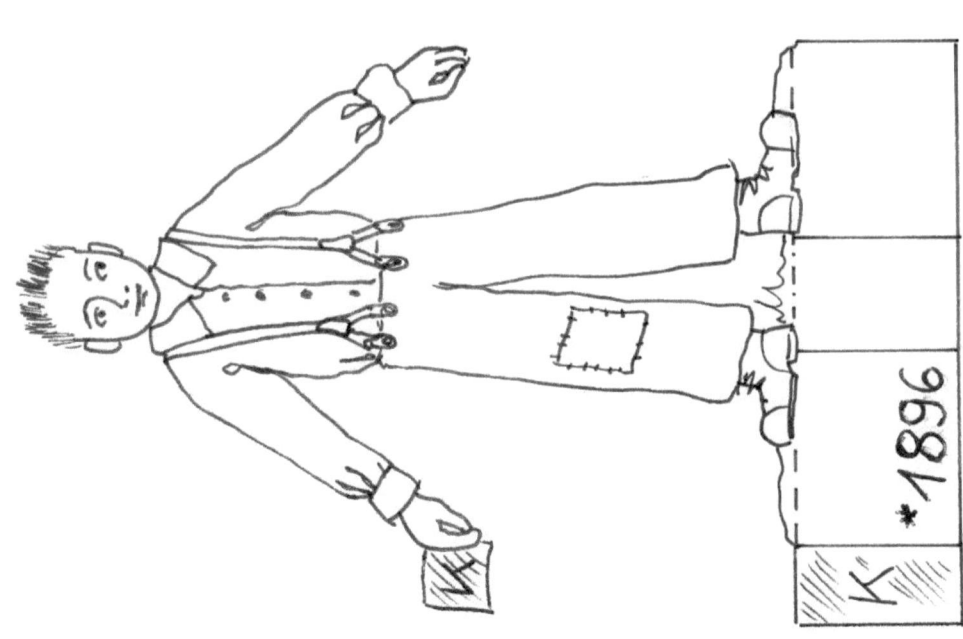

147

Teil III

Infos

Die Infos sind auf dem Stand vom Juli 2018.
Bitte immer vorher selber informeiren!

Wenn du mehr über die Geschichte der Stadt Bochum wissen willst, besuche das

'Bochumer Zentrum für Stadtgeschichte'.

Es befindet sich an der
Wittener Str.47.
Dort gibt es immer wieder Ausstellungen, die Teile aus dem ‚Museumsschatz' zeigen. Zu sehen ist dort ein Modellhaus aus dem Mittelalter und ein Stadtmodell, das die Stadt um 1840 zeigt.

Es ist geöffnet:
Di - Fr: 10.00-18.00 Uhr
Sa, So, Mo: Geschlossen

Der Eintritt ist frei,
bitte Veranstaltungskalender beachten.

Wenn du mehr über die Dorfkirche in Bochum-Stiepel wissen willst, besuche sie doch einfach.

Die Kirche ist nachmittags geöffnet, dann ist auch jemand in der Kirche, der Fragen beantworten kann.
Montags ist die Kirche allerdings geschlossen.
Nicht zu besichtigen ist die Kirche natürlich während Trauungen, Taufen und Gottesdiensten.
Aber das ist ja eigentlich klar.
Kirchenführungen (auch für Kinder) sind zu buchen:

Ev. Kirchengemeinde Stiepel
Brockhauser Str.72a
44797 Bochum
0234/791337 (Gemeindebüro)

www.evkirchebochum.de/stiepel

Wo bekommt man alte Landkarten her?

Plankammer - Karten und Reproduktionen

Das kannst du im Internet eingeben:

-       Amt für Geoinformation, Liegenschaften und
-       Kataster
-       ► Karten und Pläne
-       ► Historische Karten

Adresse:
Technisches Rathaus (TR)   4.Etage, Zi 4.2.260
Hans-Böckler-Straße 19
(Postanschrift) 44777 Bochum
(Navigation) 44787 Bochum

Telefon:
(0234) 910-34 17

E-Mail:
karten62@bochum.de

Öffnungszeiten
Montag - Donnerstag:
08:00 bis 12:00 Uhr

Wie bekommst du Informationen über Bochums Vergangenheit?

Die Stadt Bochum hat eine sehr gute Internetseite
www.bochum.de
> Kultur
> Geschichte

Oft bist du dann schon ein Stück weiter!
Ansonsten wenden dich an das Stadtarchiv (s. o.)

Wenn du mehr über die Isenburg wissen möchtest, kannst du dorthin wandern.

Im Internet musst du
‚Isenburg Hattingen‘
eingeben.

Teil IV

Inhalts-
verzeichnis

49	1471	19x Ur	Flusslauf der Ruhr/ Bemalung der Dorfkirche
51	1446	20x Ur	Erfindung des Buchdrucks/ Ausbau der Dorfkirche
54	1421	21x Ur	Sagen und Erzählungen
56	1396	22x Ur	Die Herren von der Recke
58	1371	23x Ur	Das Maiabendfest
62	1346	24x Ur	7 Kurfürsten
66	1321	25x Ur	Verleihung der Stadtrechte
70	1296	26x Ur	Erfindung des Spinnrads
74	1271	27x Ur	Schlacht bei Worringen
77	1246	28x Ur	Baubeginn des Kölner Doms / Erfindung der Schubkarre
81	1221	29x Ur	Franz v. Assisi
82	1196	30x Ur	Schicksal der Isenburg und ihrer Bewohner
87	1171	31x Ur	Erfindung des Flachwebstuhls
89	1146	32x Ur	Bemalung der Dorfkirche
93	1121	33x Ur	Erweiterungsbau der Dorfkirche
95	1096	34x Ur	Drei-Felder-Wirtschaft
96	1071	35x Ur	Erfindung des Kummets
98	1046	36x Ur	Heinrich IV.
100	1021	37x Ur	Gräfin Imma in Bremen
102	996	38x Ur	Stiftung der Dorfkirche

Die erwähnten Kaiser, Könige, Schlachten, Erfindungen, Verleihungen der Stadtrechte, Bauphasen und Bemalungen der Kirche und der Stadt Bochum entsprechen den bisher bekannten Tatsachen. Die Geschichten um die Gräfin Imma (Emma) sind wissenschaftlich nicht belegbar...aber schön. Auch einige andere Geschichten gehören in den Bereich der Sagen, sind aber Allgemeingut oder aber in Stiepel bekannt.

Oft sind die Namen der geschichtlichen Personen fett gedruckt.

Ob alle diese Ereignisse mit Familienmitgliedern dieser Stiepeler Familie passiert sind?

Wer weiß.....

Literatur:
Festschrift
1000 Jahre Dorfkirche Stiepel
Hoose Verlag Bochum 2008

Polenz
Von Grafen, Bischöfen und feigen Morden
Klartext 2005

Kümper
Bochum
Von Karolingern zu Kohleöfen
Sutton Verlag 2005

Rupprecht
Geschichten aus Bochums Vergangenheit
Stockmann

Menzel
Gekrönte Häupter
Parkland 2003

Infos aus Wikipedia und vielen Büchern, die ich im Laufe der
Zeit gelesen habe

Bereits als Buch bei Books-on-Demand erschienen:

- Uropas Sicht der Dinge
- Mick Maus baut ein Haus
- Clara juckelt durch Europa
- Ein Mops lief in die Kirche
- „O nee, nä!", sagte Anton, der Maulwurf
- Wolli Wollkäfer und seine Bande
- Zurück in Bochum
- Ist 's Mäuschen zu Haus?
- Fritzis Bochum
- Stippvisiten bei Fritzi
- Fritzis Advent
- Lebensbilder
- Mathilde, die mathematisch begabte Schnecke
- Die wirklich und wahrhaftige Geschichte, wie die Kirche von Eppendorf zu 4 Kanonenkugeln kam

- Bilderbuch 1
  Flora und Fauna

- Bilderbuch 2
  Kinder und andere nette Leute

- Bilderbuch 3
  Von Uelsen bis nach Ootmarsum

- Bilderbuch 4
  Von Garrey bis nach Wittenberg

Die Serie soll fortgesetzt werden.

Alle Bücher sind im Buchhandel, im Versandbuchhandel und beim Verlag BoD erhältlich. Inzwischen gibt es auch fast alle Bücher als E-Books.